U0518043

The
Caring
Economy
How to Win with
Corporate Social Responsibility

善经济

如何以企业社会责任制胜

[美] 于同弼（Toby Usnik）◎著　吴滨　杨乐◎译

中信出版集团 | 北京

图书在版编目（CIP）数据

善经济：如何以企业社会责任制胜 / (美) 于同弼
著；吴滨，杨乐译 . -- 北京：中信出版社，2020.4
书名原文：The Caring Economy： How to Win With
Corporate Social Responsibility
ISBN 978-7-5217-0967-4

Ⅰ . ①善… Ⅱ . ①于… ②吴… ③杨… Ⅲ . ①企业责
任－社会责任－研究 Ⅳ . ① F272-05

中国版本图书馆 CIP 数据核字 (2020) 第 034469 号

The Caring Economy: How to Win with Corporate Social Responsibility by Toby Usnik
Text Copyright ⓒ 2018 Toby Usnik
Simplified Chinese translation copyright ⓒ 2020 by CITIC Press Corporation
ALL RIGHTS RESERVED
本书仅限中国大陆地区发行销售

善经济——如何以企业社会责任制胜

著　者：［美］于同弼
译　者：吴滨　杨乐
出版发行：中信出版集团股份有限公司
　　　　　（北京市朝阳区惠新东街甲 4 号富盛大厦 2 座　邮编　100029）
承 印 者：中国电影出版社印刷厂

开　本：880mm×1230mm　1/32　　　印　张：7.5　　　字　数：140 千字
版　次：2020 年 4 月第 1 版　　　　印　次：2020 年 4 月第 1 次印刷
京权图字：01-2018-0371　　　　　　广告经营许可证：京朝工商广字第 8087 号
书　号：ISBN 978-7-5217-0967-4
定　价：42.00 元

版权所有·侵权必究
如有印刷、装订问题，本公司负责调换。
服务热线：400-600-8099
投稿邮箱：author@citicpub.com

《善经济》编委会名单

主　编：于同弼

副主编：房　涛　　陈嘉俊　　叶韵琦　　曾亚琳

编　委：何莉君　黎宇琳　　刘德刚　　吴丽敏

　　　　洪慧雯　任冷馨

致我的母亲——莎莉

代　序

企业社会责任的全球化潮流

自20世纪90年代以来，随着所谓"历史终结论"的终结、全球化的扩散和信息时代的来临，文明冲突、贫富差距和环境挑战等矛盾更加突出。中国在这样的背景下成长为世界第二大经济体，也就面临着国内、国际的双重挑战。在全球化的浪潮中，中国企业的机会和出路在哪里？

历经四十余年的改革开放，中国不仅在经济发展方面取得了举世瞩目的成就，更积累了可观的社会发展潜力。新一代的企业家将和他们的社群支持者共同成为应对各类社会问题的创新先行者。新形势下，如何高效引进与创造知识、为新一代企业家提供知识资源和分享全球经验成为当务之急。

在这样的背景下，佛山市顺德区创新创业公益基金会与深圳市创新企业社会责任促进中心联合引进了这本由全球知名企业社会责任（corporate social responsibility）专家于同弢撰写的《善经济：如何以企业社会责任制胜》。在我们看来，中国的企业家、创业者、企业社会责任从业者和社会创新者都能从这本书中得到启发。

本书中选择的企业社会责任案例以全球数一数二的大公司为主。在像古驰（Gucci）、腾讯、特斯拉（Tesla）、乐高（Lego）和赛富时（Salesforce）这样的多元化公司中，领导者不仅仅和员工分享企业的利润，还与他们共同追求一个更高的企业使命。这些公司把它们的营利目的和社群更广泛的需求联系在一起。企业社会责任是这些使命驱动型组织实现目标的关键途径。

正如作者在书中所说："在'善经济'中，营利企业的领导们会明白：公司的利益相关方希望他们对社会负责、提高透明度并培养责任意识。很多研究表明，领导层做好事会获得积极的回报——这些回报可能来自消费者，来自忠诚的员工，也可能来自投资者——他们正越来越多地使用企业社会责任数据做出投资决策。如果你能够让自己的企业充分接受企业社会责任，你就是在帮企业积淀长期优势。通过履行企业社会责任，你的公司会成为社会问题解决方案的组成部分，而不是问题的一部分。"

书中还有一些关于企业社会责任运用不当的案例，能够带给我们警示。比如，有些公司尝试利用公益捐款去"洗白"公司的劣迹，有些公司打着企业社会责任的幌子来达到市场营销的目的。书中还讲了一个很有深意的案例：一家石油公司投入5 000美元保护珍稀蝴蝶物种，却花费上百万美元的广告费来造势宣传此举。

本书以一种确定且乐观的口吻指出：如果公司还像原来那样做生意，忽略自身的社会责任，它们的危机就会越来越严重。随着社交媒体日益兴起以及对企业社会责任进行监管和测评的机构日益增多，那些不能让员工进步、让环境更好的公司不久就会看到利润的下降，因为无人愿意为它们服务，也无人愿意购买它们的商品。

新时代已经来临，互联网与新经济的发展带给了中国社会更多的可能性，这是"商业向善"的实践在最近10年里能在中国蓬勃发展的重要原因。一方面，通过技术赋权，我们有了更多有力的工具；另一方面，在互联网背景下，发达国家与发展中国家在一定程度上处于同一技术时代，这使得国际范围内的经验借鉴也有了更大的价值与意义。

与此同时，我们也清晰地看到中国有特殊的国情，目前仍处于一个长的变革周期之中。过去几十年来，我国政府推崇市场经济，给予了企业相当大的经营空间。在中国，企业比非营利组织更有可能成为推动社会创新的先锋力量。我们相信，用社会价值重塑企业核心竞争力进而推动新商业文明发展是一条必由之路，倡导和践行战略型企业社会责任、树立行业标杆也是一项面向未来的工程。

临渊羡鱼，不如退而结网。新时代也赋予了企业新的机会。

目前，在建设粤港澳大湾区的背景下，顺德（广佛）与深圳发挥着战略核心的引擎作用，正走在与国际竞争力接轨的高质量企业与社会持续发展之路上；许多企业家做出了创新之举，比如美的集团创始人何享健先生的社会责任大行动已走在了中国善经济潮流的前沿。我们有理由相信，使命型的商业将成为推动社会进步的一股重要力量。

佛山市顺德区创新创业公益基金会
深圳市创新企业社会责任促进中心
2020 年 2 月 20 日

目　录

前　言

人生就是一场旅行，不必在乎目的地。

——拉尔夫·沃尔多·爱默生

（Ralph Waldo Emerson）

在我30年奇妙且精彩的企业工作生涯中，我见证、参与并推动了企业社会责任的发展和进步。这些年来，我目睹了一家家企业的巨变，见证着这些企业通过商业实践一步步地让这个世界变得更加美好。早期的企业社会责任具有地域性和慈善救济性，有时甚至会显得很奇怪，而今天的企业社会责任则展现出了全球化、战略性和以商业为中心的风采。

20世纪90年代初期，参与企业社会责任建设的几乎全是顶尖的跨国大企业，例如通用电气（GE）、塔塔集团（Tata）和美国运通（American Express）等。它们是《财富》杂志"100家最适合工作的公司"排名榜单上的常客。然而进入千禧年以来，参与企业社会责任的主体已大大扩展，不再局限于上述榜单中的企业；企业社会责任的范围也不再局限于品牌建设和诸如配偶福利、家庭休假及性别平等之类的传统议题。由于气候变化、收入分化、消费者隐私等新情况的出现，这一概念意味着企业要在更为重要的社会问题上发挥作用。消费需求瞬息万变，而成功的企业和员工总能及时对其进行预测，从而为企业设定新的商业风格。

在30年的企业社会责任实践工作中，我见过很多成功企业大力提倡社会同情心和包容心，着力提升经营活动的透明度。它们这么做不仅仅是为了商业获利，也是为了创造一个更加公平和可持续的世界，当然也是为了履行对股东的责任。我个人认为，这些企业、消费者和正在阅读本书的你，正在经历一个新的时代，那就是善经济时代。

我曾在几个全球领先品牌中从事有关公共关系、危机处理以及企业社会责任的工作，这30年的经历让我能够从内行人的角度看问题，而我乐于与你们分享我的心得。我希望这种企业社会责任变迁的第一视角能够帮助你在你的公司、行业和社群中成为更高效的思想领导者和实践者。

在2013—2016年，我帮助佳士得（Christie's）拍卖行发起了一项世界级的企业社会责任项目。佳士得拍卖行拥有250年历史，每年的拍卖金额能够达到74亿美元左右。作为佳士得拍卖行第一任首席企业社会责任官，我当时仅拥有一名直接下属、两名实习生和每年15万美元的项目预算。虽然资源有限，但我们还是成功地将佳士得拍卖行提升至艺术品行业全球领先者的地位。短短三年时间，我们用事实和数据为佳士得拍卖行建立了一个强有力的企业社会责任形象。下面是我们在2015年佳士得企业社会责任发展报告中总结的一些成就，这一年我们走访了43个国家。

- 公司全年差旅里程 9 400 万英里（约合 1.5 亿千米），碳排放减少了 2 380 吨。
- 在全球范围内建立了动员全公司力量的社群服务日。
- 通过网上公益拍卖成功筹款 440 万美元。
- 在佳士得拍卖官的支持下，公益拍卖总金额达 7 540 万美元，这些筹款资助了全球 300 家公益组织。
- 通过传统的销售计划为非营利客户筹得 1.89 亿美元。
- 员工志愿者提供专业志愿服务时间总计 4 086 小时。
- 在全球范围内支持了 174 场博物馆活动。

通过这些努力，我们得到了年轻员工的认可，也得到了美国白宫和英国伦敦市长办公室的荣誉认可。[1]

今天，从事后诸葛亮的角度来看，我能够将爱默生那句关于人生的名言套用在企业社会责任中——企业社会责任确实是一场旅行，不必在乎目的地。但同时我们也需要展望未来、关注终点。我见证了企业社会责任的变迁，因此得出一个结论，即企业和消费者正在一步步走向"善经济"，而责任感对于获得成功至关重要。正如你将在本书中看到的那样，一旦你开启一场名为企业社会责任的旅行，你就会不断发现经济的更多层次和内在关联，你会意识到世界必须更有同理心、包容心和透明度。消费者会乐观其变。

皮尤公益信托（Pew Charitable Trust）的数据显示，截至2017年，千禧一代（Millennials，1981年至1996年出生的一代人）消费者的数量不断增加，已达到了20亿。[2] 这个群体不仅消费，还在不断分享着他们的经验，从他人身上学习并互相支持，他们也十分懂得同理心和责任感的重要性。从美国帕克兰到中国北京，再到沙特阿拉伯，千禧一代通过社交媒体发出自己的声音，并让心声随着电波放大远扬，他们都希望能够有个更好的未来。这是人性的一个重要基础，也是企业领导者正在努力实现的目标。千禧一代构成了"善经济"的根本基础，而企业社会责任则为他们提供了重要的参与渠道。

从无到有，建立一个企业社会责任项目

2011年，佳士得集团时任首席执行官（CEO）史蒂文·墨菲（Steven Murphy）邀请我为公司建立一个正式的企业社会责任部门。在那之前的20年里，我曾在多个跨国公司担任高级传播职务，也参与过很多企业社会责任项目，但是从来没有正式接受过建立和运营一个企业社会责任部门的全职工作。我很高兴地接受了这项挑战，因为我相信企业需要肩负责任，需要不断地创新。

　　我满怀热情地投身佳士得公司企业社会责任部门的创建工作中。第一年，我带着同事们踏上学习聆听之旅，去其他行业学习借鉴，学习如何设计出一个能在艺术品市场中标新立异的企业社会责任项目。那一年我刚刚50岁——一个进行自我反思的时点。所以，在思考人生并寻找生命意义的同时，我有机会带领团队为我们这个拥有250年悠久历史的公司寻找类似的意义。我们到底代表什么？我们为社会贡献了什么？我们未来的方向在哪儿？定义佳士得的目标并将其分享给全世界，是职业生涯中最令我感到兴奋的挑战和成就。

　　我们最终以"艺术＋灵魂"（Art+Soul）来命名这个项目。接下来的几年里，我们在全球建立了一个非常有分量、令人激动的志愿者项目。在伦敦、香港和纽约等城市，佳士得员工把拥有身心障碍的孩子带到项目当中来，让他们了解到艺术和文化的魅力。我们利用拍卖行的智慧和资源为多个慈善议题筹款。不仅如此，我们还在全球范围内和多家非营利组织联手，让更多对文化感兴趣的年轻人参与进来，而不只是吸引那些富有的艺术品收藏家。一路走来，我们犯过错，也从中领悟颇多。我们每年都会评估项目成果，撰写正式报告，以此作为参考和动力，让项目越走越远。

　　在成立企业社会责任部的第一年，佳士得全球人力资源总监告诉我，公司想要让我正式成为企业社会责任部的主管，并定期向首席营销官报告工作。作为公司传播和企业社会责任的主管，此前我一直都是向首席执行官或者其他首席高管汇报工作。我能够感受到在这次调整中，佳士得把企业社会责任变成了一个独立的部门，但与此同时也降低了该部门（和我）在公司的地位。"艺术＋灵魂"项目最终降级了，成了佳士得的几个营销活动之一。

那次经历对我而言是一次痛苦的领悟，同时给了我重大启发，即让我开始产生写作本书的念头。我继续在佳士得工作了两年，清楚地看到了企业社会责任在转向营销部门前后的变化。自调整之后，企业社会责任部实际上已成为企业的低效部门，再也无法发挥应有的作用。

我深信企业社会责任应该表达品牌真正的使命，这种使命应该由组织最上层直接引导。当"艺术＋灵魂"最终变成一个营销活动时，它就已经失去了很大一部分的公信力和效力。尽管我们还是做了很多有意义的工作，但是我们也错过了很多能够开展有实质意义的但与营销概念冲突的企业社会责任活动的机会。我们再也没有能够让首席执行官真正参与进来。

这段经历让我开始相信每一个企业社会责任项目都在寻找它自己的结果。付出的努力越大，公司的竞争力也会越强。在未来的某一个时点，一家企业的社会责任会与投资者和员工紧密相连，到那时，就没有商业战略和企业社会责任战略的区别了。明智的商业模式就是企业社会责任，反之亦然。有很多公司已经在往这个方向前进，几个知名大公司和它的领导者已经达到了这个境界。你和你的公司可能就是下一个加入者。

寻求"三重底线"

本书意在成为一部实用指南，帮助你在组织中建设一个有效的、可持续的企业社会责任平台。书中有很多企业社会责任的成功案例，也展示了许多常见的陷阱，本书还为可能会导致企业社会责任项目失败的困扰提供了解决措施。接下来几章里的商业案例，会向你展示营利动机如何提供创新的解决方案。我们在为公司营利，同时也能够帮助解决社会、环境和经济方面的挑战。

在过去，如果一个企业想要成为好企业，它会试图通过金钱贡献来鼓舞股东甚至员工，比如举行捐款或志愿者活动。这样的日子一去不复返了。现在的营利公司认识到它们必须协调世界人民的需求，只有这样才能实现利益最大化和盈利增收。

企业社会责任最终会是一家公司对其"三重底线"（triple-bottom-line）的公开呈现。"三重底线"分别指人、盈利和环境。我们的员工是否有所成长？我们是否获得了盈利？我们是否保护了环境？"三重底线"是最终衡量企业是否成功的标准。

"三重底线"是对一个公司经营方式的评估，而不仅仅关注这家公司是否在赢利。在"善经济"中，优秀的企业会在满足所有"三重底线"因素的基础上获得成功，而那些只满足其一或者其二的企业从长远来看将会有衰败的风险。

我在本书中选择的企业社会责任案例通常涉及全球数一数二的大公司。在像古驰、腾讯、特斯拉、乐高和赛富时这样的多元化公司中，领导者们不仅仅和员工分享企业的利润，还与他们共同追求着一个更高的企业使命。这些公司把它们的营利目的和社群更广泛的需求联系在一起，而企业社会责任是这些使命驱动型组织实现目标的关键途径。

在我的职业生涯中，我曾见过很多领导者通过言行合一的方式启发团队——他们在各方面采取行动，包括企业社会责任。我有幸能够向最好的榜样学习。20世纪90年代，我在美国运通公司任职。那时，首席执行官哈维·戈卢布（Harvey Golub）启动了一个名叫SOS（share our strength，分享我们的强项）的项目，重点关注饥饿问题。在这个项目中，美国运通和多家餐饮商合作应对世界饥饿问题，这些商家是美国运通很重要的市场和收益来源。在企业社会责任鲜为人知的时候，美国运通就向人们展示了企业社会责任能够为社会做些什么。美国运通在其最强的一个领域承担起了企业社会责任的重担，这使其能够发挥最大的影响力，也能最大程度地提升自己品牌的美誉度。

拥有一项社会使命有许多好处，这点已经被很多人研究和记录过。在当下这个时代，社交媒体正使品牌打造和品牌认可度日益重要，而企业社会责任提供了一个打造品牌的良机。事实还证明，企业社会责任有助于提升员工敬业度和留存率。千禧一代是有史以来数量最庞大的一个成年人群体，很多问卷都显示他们偏向于在有社会责任心的企业工作。在愿意为可持续化生产的产品和服务支付更多费用的消费群体中，千禧一代也占据了相当大的比例。随着老一代消费群体的逐渐减少，倾向于使用可持续化生产的产品和服务的消费者比例在稳定上升。对于生产消费品的企业而言，企业社会责任是维持企业盈利非常重要的一项议价能力。

换句话说，一家有社会责任心的公司能真正赢得长期可持续的成功。在本书中，你将看到"可持续性"这个词经常被用作社会责任的同义词。可持续性可能会被视为履行社会责任的必要条件。通过运用一些对社会负责的方法来与企业利益相关方（包括环境）和管理人员互动，企业才能够与这些相关方长期保持健康可持续的关系。

由于诸多原因，研究显示那些注重企业社会责任的公司比那些不注重这一方面的公司更加成功。一般来讲，组织的可持续目标可以被简单描述为ESG，即环境、社会和企业治理（environmental, social and governance）这三个广泛的领域。哈佛大学的一项研究[3]结果显示，那些在ESG议题上投资和寻求进步的公司，会在股票市场上有更好的长期表现。这些营利的、有社会使命的公司会号召所有员工一起支持社会使命，共同应对来自社群和环境的挑战。

全球面临着无数挑战，而好消息是企业在尝试解决这些挑战的同时也能在商业上获得持续的成功。我们需要更多公司加入企业社会责任中来，也需要所有人齐心协力。资本市场的力量巨大，这就使得每个市场玩家都应为全球和平、包容与繁荣发展献出一份力量，这一点尤其重要。互联互通和全球化给我们带来了挑战的同时也创造了契机，只有企业才有足够的资源和人才去壮大规模，发挥影响。

在"善经济"中，营利企业的领导们会明白：公司的利益相关方希望他们对社会负责、提高透明度并培养责任意识。很多研究表明，领导层做好事会获得积极的回报——这些回报可能来自消费者，来自忠诚的员工，也可能来自投资者——他们正越来越多地使用企业社会责任数据做出投资决策。如果你能够让自己的企业充分接受企业社会责任，你就是在帮企业积淀长期优势。通过履行企业社会责任，你的公司会成为社会问题解决方案的组成部分，而不是问题的一部分。

作为商业准则的企业社会责任

本书的正文会告诉你如何从企业社会使命开始，在你的公司建立企业社会责任项目。一个有效的企业社会责任项目传递着企业品牌的基因，员工、消费者、供货商和企业伙伴都能亲身感受到。本书第一章展示了如何在这个方向上走出最初的几步，主要通过以下方式——设定目标和任务，研究企业在企业社会责任的哪些方面做得比较好，找出愿意为企业社会责任贡献力量的员工。

第二章开始介绍建立企业社会责任项目的初步战略，与此同时要成立一个非正式的建议委员会。此外，为避免早期阶段的重复劳动，向其他公司企业社会责任项目的专业人员请教宝贵意见也非常重要。

第三章展示了几个最好的企业社会责任项目案例。为了成功地履行企业社会责任，公司需要由内到外、由员工到顾客再到环境，在各个方面都开展工作。你的公司必须在面向顾客之前，先让员工参与进来，在员工和顾客层面都成功后，项目才有可能产生更深远的影响。那些真正对地球和所处社群负责的好公司，往往在员工层面体现出非常强的企业社会责任实践能力，这种能力也体现在他们销售的产品和提供的服务中。

在创建一个企业社会责任项目时，企业不可避免地会经历起起伏伏，少数时候会迸发一些难得的灵感，它们预示着意料之外的机会。第四章探讨了应对这些挑战和机遇的各种方法，以及如何克服失望与积累成功经验，为进一步打造更强大、更有影响力的项目打开大门。

企业社会责任近几年最重大的进步之一，就是建立了越来越标准化的测量手段和评价基准，它们让你的企业社会责任项目产生的影响能够得到准确的评估，以便和其他同类组织进行比较。

第五章帮助你了解各类衡量成功的方法，以显示你的进步，检测问题区域，凝聚员工对企业社会责任的支持，进而保证项目管理始终行进在正确的方向上。

第六章提供了一些参考案例，告诉你如何在项目成功的基础上更上一个台阶。企业社会责任的工作永无止境，可以一直做下去。这对所有公司来说都成立，包括那些拥有最先进、最复杂的企业社会责任项目的大型公司。说到底，企业社会责任需要有机生长，以便应对企业领导风格、企业方向和全球挑战的各项变化。

最后一章讲的是善经济的未来，这章展示了企业社会责任将如何融入常见商业活动，最终成为一个智慧的可持续的商业准则的组成部分。因为公司使命和目标同企业社会责任的目标绝对一致，所以在任何公司，企业社会责任都没有必要独立出来设立单独办公室。当上到每个高管、下到普通员工都能理解和接受作为公司价值观之一的企业社会责任时，当员工的绩效和薪资在相似的基准上被评估时，当社会责任与经济责任和可持续发展在公司内是同义词且员工每天都能因此而灵活践行企业社会责任时，企业社会责任的目标才算达成。这会使任何一个品牌都走在竞争者前面，站在"善经济"的中央。

善经济

在我看来，企业社会责任的实践者非常光荣，因为他们冲在最前线为企业未来几十年的成功而工作。最终，企业社会责任将是可赢利的、可问责的、包容的、赋能的和能让世界变得更好的。这就是在21世纪里兴起的"善经济"商业蓝图。

在本书中，你也会看到一些关于企业社会责任的最糟糕案例。有些公司尝试利用公益捐款去"洗白"它们曾经有过的不良行为。它们打着企业社会责任的幌子来达到市场营销目的。你会了解到一个臭名昭著的案例：一家石油公司投入5 000美元保护珍稀蝴蝶物种，却花费了数百万美元的广告费来造势宣传此举。

如果企业社会责任以这种形式发展，那么它将会成为自我感觉良好的营销工具——并不能为公司的可持续发展做出任何贡献，而仅仅是以"花瓶"的形式为公司赢利。企业社会责任的实践者可能也会被其表面吸引力迷惑，未能意识到他们的同事有可能并没有真正参与其中。在企业社会责任的建设之路上，我们确实需要去伪存真。

即使企业社会责任的目的并不是包装企业，只要"三重底线"没有融入公司商业模式中，企业社会责任的作用就会仅局限于传统的救济领域，而这是企业社会责任最糟糕的情况——它流于表面，缺乏真诚的关怀，除了能为公司赚取有限的利益之外，什么都提供不了。

在传统模式中，企业主要关注产品和服务，而政府和非营利组织则聚焦如何让世界更加美好。这两类组织分居社会服务光谱的两端，相互误解。即使在今天的商界中，有些企业仍然忽略了企业社会责任，它们通过人权滥用、环境破坏或经济不平等等社会问题来谋取利益。长久以来，这些无良企业的所作所为很容易让大家产生一种认知：企业不太可能成为应对这些社会问题的得力助手。

我很高兴地告诉大家，有很多迹象表明这些公司的日子已经屈指可数了。它们如果还像原来那样做生意，忽视应当履行的社会责任，就会面临越来越严重的危机。由于社交媒体日益发达，以及对企业社会责任进行监管和测评的机构日益增多，那些不能让员工进步或者让环境更好的公司不久就会看到利润的下降，因为无人愿意为它们服务，也无人愿意购买它们的商品。

最新的一轮行动来自投资圈。2018年1月，投资管理公司贝莱德（BlackRock）的首席执行官劳伦斯·芬克（Laurence Fink）在写给其他企业首席执行官的信[4]中，呼吁公司因应重大经济、政治、社会和技术变革对当前战略带来的挑战以创造长期价值："在贝莱德今年同贵公司合作时，我们会深入探究你们的战略框架是如何对过去一年全球环境的改变做出反应和认识的，这些改变如何影响你的企业策略，以及你计划在这个新环境下如何做出相应改变——如果必要的话。"

研究显示，随着时间的推移，那些在ESG指标中排名较高的公司会比排名低的公司更加有利可图，那是因为关注"三重底

线"可以大大降低长期商业风险。哈佛商学院的教授乔治·塞
拉菲姆（George Serafeim）提到，可持续性是"股东积极主义"
（shareholder activism）快速发展的原因。确实，几十亿美元的资
本投资不会再投放给一个没有可持续商业模式的公司，最终，这
些公司的股价也会出现下跌。

  对于真正伟大的可持续品牌来说，情况恰恰相反。苹果公
司（Apple）成为世界上第一家市值过万亿美元的公司并非偶然。
在2015年的一次股东大会上，苹果公司首席执行官蒂姆·库克
（Tim Cook）受到一位投资者的质疑，该投资者认为库克把公司
的钱浪费在与环境相关的项目上，而非为公司盈利做出贡献。库
克回应道："我们做事不仅仅为了赚钱。"[5]库克还建议所有对苹果
公司追求可持续性感到不满的投资人把钱投到别处去。[6]2016—
2018年，苹果公司的市值翻了一倍。

  不久的将来，在这个彼此间的连接不断加深和信息充分交流
的世界里，这样的品牌将会势不可当，与其抗衡会是一件不可能
的事。有能力的企业社会责任实践者将成功帮助公司建立人—盈
利—环境"三重底线"机制，成为引领未来的先行者。坚持做下
去，你不会失望的。

第一章

伟大的品牌由使命驱动

将你在世界上想要看到的"改变"付诸实
践吧。

——圣雄甘地（Mahatma Gandhi）

在2013年的某次TED（非营利机构technology, entertainment, design的缩写）大会上，奢侈品品牌古驰发起了一个名为"希望响钟"（Chime for Change）的全球公益活动，该活动旨在宣扬性别平等，为女性发声。古驰创意总监弗丽达·贾娜妮（Frida Ginannini）与联合发起人碧昂斯·诺里斯－卡特（Beyoncé Knowles-Carter）、萨尔玛·海耶克·皮诺（Salma Hayek Pinault）以传统的古驰风格举行了活动。

通过其众筹合作伙伴Catapult，"希望响钟"创建了第一个鼓励全世界的人们以个性化的方式支持女性项目的在线平台。Catapult将"希望响钟"的社群成员直接连接到对他们而言至关重要的组织和项目，包括来自38个国家的50多个组织。

"希望响钟"开启了一项能使古驰核心客户群产生共鸣的事业，这个群体包括在金融、社会和政治领域具有影响力的女性。

这只是古驰表达其企业社会责任目标的一种方式，超越了其对奢侈品和时装设计两大业务的关注。作为一个具有全球影响力的大品牌，古驰已经能够为其企业社会责任计划设定目标，并激励众多领先的公司和组织支持这项工作。

脸书（Facebook）、赫斯特杂志（Hearst Magazines）集团以及比尔及梅琳达盖茨基金会（The Bill & Melinda Gates Foundation）都成了"希望响钟"的战略合作伙伴，《赫芬顿邮报》（*Huffington Post*）则是项目的数字媒体合作伙伴。项目咨询委员会包括德斯蒙德·图图（Desmond Tutu）大主教和他的女儿穆波·图图（Mpho Tutu）、约翰·传奇（John Legend）、杰达·平克特·史密斯（Jada Pinkett Smith）、朱莉娅·罗伯茨（Julia Roberts）和梅丽尔·斯特里普（Meryl Streep），此外还有许多其他议题的专家、倡导者和全球领袖。

最重要的是，古驰在性别平等议题上确立的企业社会责任目标从一开始就得到了古驰母公司开云集团（Kering）的董事长兼首席执行官弗朗索瓦-亨利·皮诺（François-Henri Pinault）的认可。该公司称自己是"全球奢侈品集团"。弗朗索瓦-亨利·皮诺是萨尔玛·海耶克·皮诺的丈夫，他在为"希望响钟"发布会准备的一份声明中说道："在开云，大多数员工及客户都是女性。我希望与其他个人和组织共享这项倡议，帮助世界各地的妇女及其社群做出更好的改变……我相信，在全球范围内，妇女是我们的社会实现和谐的核心力量。我们有必要将诺言转化为行动，找到新的方法赋予女性更多的权益与能量。"[7]

寻求使命匹配

来自高层的支持对于任何组织的企业社会责任的成功都至关重要，因此要开始和持续推进一项企业社会责任工作，关键就是设定与组织领导层已经接受的使命和业务目标相一致的目标。就古驰而言，"希望响钟"只是该公司长期参与性别问题的最新体现。"和你想象的一样，女性对于古驰而言非常重要。"古驰的总裁兼首席执行官马可·比扎里（Marco Bizzarri）在2015年向《福布斯》（Forbes）表示，"我们的目标是将自身这一全球品牌的知名度与促进性别平等的行动连接起来。"古驰也在积极为联合国儿童基金会（UNICEF）支持女童教育的倡议做贡献。

大多数在企业社会责任方面取得重大成功的品牌都会发现，这种使命匹配的一致性对于解决企业社会责任成功之路上所有常见的障碍都有很大的帮助，可以吸引员工，确定合作伙伴，寻找资金，制订人员配置计划并跟踪和衡量结果。

思科（Cisco）是一家价值490亿美元的技术集团，负责其企业社会责任的高级副总裁泰允（Tae Yoo）说："由于世界上有这么多好的公益事业，我们在企业社会责任方面所面临的最大障碍就是要确定最适合我们能力的重点领域，并尽可能发挥最大的全球影响力。为了达到这一点，我们制定了一个与我们的核心竞争力相匹配的清晰战略。我们是一家全球性的科技公司，相信技术是创造可持续包容性世界的均衡器。因此，我们的企业社会责任事业重点支持那些利用技术帮助解决世界问题的项目、企业家和组织。"

思科在这方面做得相当出色。但是，企业社会责任通常以临时的且不够统一的方式执行，其中一个案例就是福特汽车公司基金（Ford Motor Company Fund）支持的乳腺癌研究项目。自1993年以来，该项目收到的捐赠金额共计1.36亿美元。毫无疑问，乳腺癌研究是一项非常有价值的事业，但该项目中的医学研究与汽车制造之间没有形成战略联系。实际上，汽车行业的公司可以凭借它们在运输设计、工程、制造、分销和营销方面的关键能力实施企业社会责任，发挥更大的慈善影响力。

在过去的25年里，福特公司经历过一些非常困难的时期。2018年，华尔街分析师下调了该公司的股票评级，因为福特在新兴汽车技术方面落后于同行。如果在过去20年里，福特公司能够在与其大战略保持一致的企业社会责任事业（如燃油经济、减排控制、电动传动系统、供应商和材料回收等方面的企业社会责任标准）中投入更多资金，那么它今天可能会处于更好的市场地位。这些举措很可能带来创新的汽车技术、新产品和新的收入来源。此外，福特如果能够在行业特定的企业社会责任问题（如碳足迹、

环境可持续性和负责任的供应链管理）中扮演领导角色，那将更
有能力提升员工在公司内部的参与度。

　　每家公司的决策者通常会考虑新产品或销售活动是否能反映品
牌的内在品质并维护品牌的声誉。在理想情况下，企业社会责任的
目标设定应该采用同样的品牌规则。对于许多世界顶级品牌而言，
品牌目标和企业社会责任目标之间的一致性非常明确（见表1-1）。

表1-1　企业社会责任目标与商业实践协调一致的案例

公　司	行　业	企业社会责任目标实例
塔塔	制造业	塔塔的企业社会责任计划STRIVE旨在为印度各地的社群提供信息、技术和其他资源，以帮助人们改善健康、教育和生活水平
迪士尼（Disney）	娱乐业	迪士尼的企业社会责任主要侧重于减少其游乐设施的运营对环境的负面影响，并支持劳工行为方面的国际标准和负责任的供应链管理。该公司还资助野生动物保护、慈善事业和员工志愿服务
美的集团	制造业	美的履行企业社会责任的基本准则包括五个方面：坚持诚信、责任、健康、科学发展；创造客户价值并有效满足客户需求；提供平台和资源来激励员工创造价值、成就自我以及与企业共同发展；追求股东价值最大化并符合其他利益相关者的利益；鼓励职业经理人长期为股东创造价值
塔吉特（Target）	零售业	塔吉特将其利润的5%用于社群捐赠，每周累计达400万美元。塔吉特员工每年在社群中提供志愿服务的时间长达数十万小时

（续表）

公　司	行　业	企业社会责任目标实例
美国运通	金融服务业	美国运通向地方和各类组织提供补助金，用于社群服务、历史保护和成人领导力培训
腾讯	电子商务业	腾讯致力于通过每一项产品与业务拥抱公益，开放互联，成为所有致力于通过技术改善世界的企业的典范。2015年，它推出了99公益日，利用其社交媒体平台为数百家非营利组织筹资数百万美元，并使数百万用户自愿参加公共服务活动

这些公司都在以与其行业、客户和社群高度相关的方式践行企业社会责任。作为家电业巨头，美的集团过去五年多来投入了近30亿美元的研发资金，用于开发对环境更加友好的绿色产品与服务。零售企业塔吉特将部分利润返还给支持其商店的社群。美国运通运用其金融专业知识支持慈善事业。印度最大的制造商塔塔则利用其世界一流的技术知识来推动贫困群体的发展。迪士尼运营着庞大的国际主题公园和邮轮公司，将其企业社会责任着力点定位于野生动物保护、环境可持续性和公平劳动制度。腾讯拥有微信这一中国最大的社交媒体平台，有超过10亿用户。2015年，腾讯发起了99公益日活动，该活动每年为慈善机构提供数百万美元的资金和大量的志愿服务。

如何去掌握世界上广泛的社会和环境需求？联合国列出了17个可持续发展目标（Sustainable Development Goals，缩写为SDGs），这些是被普遍理解的旨在改善健康、教育、营养、气候、基础设施等条件的理想目标（见图1-1）。它本质上是所有目前正在进行的有意义的宣传工作的目录，可以成为帮助你定义、扩展和聚焦企业社会责任范围的参考工具。

图1-1 联合国可持续发展目标

资料来源：https://www.un.org/sustainabledevelopment/news/communications-material/.

"五年前，并没有多少首席执行官谈论可持续发展目标，"普林斯顿成长风险投资（Princeton Growth Ventures）公司的创始人兼前首席执行官兰格·萨尔加梅（Rangu Salgame）说，"但在过去的12个月里，众多首席执行官都在谈论它们，并将可持续发展目标内化到自己的商业模式中。"

正确评估现有企业社会责任项目，快速取胜

沿着本节勾画的路线，你可以轻松地采撷企业社会责任建设之路上的"成熟果实"——那些不用花费太大力气就可取得的成果。企业社会责任倡议可以源自组织的任何部分。企业的慈善事业通常受到首席执行官或其配偶的个人偏好影响。企业捐赠和员工志愿者活动，通常也是由高度积极的员工（这个群体通常也喜欢养宠物）或擅长寻求帮助的当地慈善机构推动的。如果你要规划公司当前的捐赠和志愿者活动的蓝图，那么你可能会发现有些活动与公司的使命、客户或专业能力并不完全一致（或完全不相关）。所有这些考虑都指向了企业社会责任的机会，它们甚至可能指向那些让你在消费者心目中超越竞争对手的领域。

许多没有企业社会责任计划的公司以慈善救济的形式分享它们的专业知识或以其他名义履行社会责任。例如，在佳士得公司，经过培训的高素质慈善拍卖师会定期在下班后自愿利用个人时间进行筹款活动。拍卖师们为各种组织和议题进行筹款拍卖，包括贫困、癌症研究、教育和人道主义救济。大多数专业服务公司为非营利组织提供公益法律、财务和战略规划咨询，这类活动可以成为公司整体企业社会责任计划的重要组成部分。如果组织的某些相关部分已在运作企业社会责任活动，你就有了一个可实际操

作的框架，让组织的其他部分在企业社会责任的旗帜下参与行动。

　　一个简单的内部发现过程，可能会揭示出组织中哪些部分已经在与其功能相关的领域践行企业社会责任。例如，许多专业组织和贸易团体已经设立了代表人力资源、财务、运营和其他领域的企业社会责任最佳实践的目标。通过逐个深入了解所有的部门，你可以明确公司在企业社会责任方面的发展方向。在此，你也可能在同事中找到第一个支持企业社会责任的盟友和拥护者。

　　政府监管报告为公司当前的企业社会责任概况提供了另一种视角。例如，大多数公司已经定期提交有关废气排放的报告，以便符合环保要求。美国职业安全与健康管理局（Occupational Safety and Health Administration，缩写为OSHA）提供了类似的工人安全备案制度，美国平等就业机会委员会（Equal Employment Opportunity Commission，缩写为EEOC）制定了平等机会实践表，《美国残疾人法案》（Americans with Disabilities Act，缩写为ADA）则对无障碍通行提出了要求。公司的税务文件也会记录其慈善活动。

　　作为公开披露的事项，大多数此类信息已经可以通过公司网站在线获得。你的行业竞争对手也是这样做的。在谷歌浏览器里输入"企业社会责任"这个词条和你的前三名竞争对手的名字，你会看到它们目前在这方面有什么行动。更重要的是，你将看到客户、投资者和其他重要利益相关者对它们的评价。通过领英

（LinkedIn）、脸书、照片墙（Instagram）、微信和其他社交网络进行挖掘，你可能会更加深入地了解你的竞争对手的企业社会责任践行情况。

这种小型案头研究能为你的企业社会责任工作带来一个巨大的快速启动机会。你应该在一个相当简单的清单中汇总研究结果，列出潜在的企业社会责任活动领域。

全球报告倡议（The Global Reporting Initiative，缩写为GRI）是一个独立的国际标准组织，可帮助企业、政府和其他组织评估其企业社会责任的影响。第二种为投资者量身定制的资源来自可持续会计准则委员会（Sustainability Accounting Standards Board，缩写为SASB），这是一家美国非营利组织，负责制定和推广可持续发展的评估标准，就像财务会计准则委员会（FASB）推动财务报告的会计原则一样。

本书将在第五章中更详细地讨论全球报告倡议组织和可持续会计准则委员会对企业社会责任的衡量标准。不过，在企业社会责任之旅的开始阶段，这些测量工具同样有价值，因为它们可以帮助你设定目标。全球报告倡议组织和可持续会计准则委员会还提供全面的资源，以帮助组织根据三重底线来衡量其企业社会责任在各领域的表现。它们提供的工具将帮助你回答有关公司该如何定义和衡量企业社会责任工作的问题。

三重底线是组织用于评估企业社会责任绩效的最常见的框架。

三重底线方法要求你通过衡量对社会和环境造成的影响，以此超越组织的传统财务视角。使用三重底线衡量业务可以评估业务的可持续性、实际赢利能力以及如何最好地保持其未来增长。

可持续会计准则委员会的许多在线资源在企业社会责任工作的早期阶段非常有用，因为委员会重点关注特定行业中相关性最高的可持续性问题。

可持续会计准则委员会推荐的早期步骤可以帮助你：

- 确定公司业绩的哪些方面能够影响社会。
- 明确你可以合理地收集哪些最相关的信息。
- 以标准格式显示数据，以便进行相关的比较。

可持续会计准则委员会和全球报告倡议组织的标准乍看起来可能有点事无巨细，特别是全球报告倡议组织的标准对于大多数公司而言过于复杂，但对于受到严格监管的上市公司而言，这些标准十分有用。在早期，你可以仔细观察你的公司及同行，以确定企业社会责任最值得投入的领域。"衡量对你的业务和利益相关者而言重要的方面"是美银美林（Bank of America Merrill Lynch）公司国际环境、社会与治理主管安德烈娅·沙利文（Andrea Sullivan）给出的建议。

考虑使用这些标准清单，就像你首次去某家餐馆就餐时查看菜单一样，你不可能一次点完所有菜品，但总有些菜会非常合你的胃口。可持续会计准则委员会和全球报告倡议组织将会激发你的思考，并帮助你确定更有可能与你的组织非常契合的目标。可持续会计准则委员会就认为，它的报告之所以采用了有限数量的关键绩效指标，是为了建立一个均衡的报告体系——满足全面性和实用性的双重要求。

进行 SWOT 分析：优势、劣势、机会和威胁

另一个检测短期的三重底线重要的实用方法是进行标准的 SWOT 分析：优势（strength）、劣势（weakness）、机会（opportunity）和威胁（threat）。

- 哪些方面代表你公司的优势？在这些方面，品牌定位或许能充分体现这一点。英特尔（Intel）的做法值得借鉴，该公司利用技术使更多人能够创新，同时利用数据来解决人类社会最复杂的问题——从气候变化到能源效率，再到经济赋权和人权。当然，你还要考虑联合国的 17 个可持续发展目标中哪些与你的公司及其客户最相关。
- 哪些方面是你公司的劣势和漏洞？在这些方面，公司需要重点注意以避免与客户和其他利益相关方的合作出现潜在问题。想想耐克（Nike）和苹果多年来对它们的海外供应商的劳资

关系漠不关心而遭受的损失吧!

- 哪些方面意味着明确的机会?在这些方面,公司要采取积极行动,以便最大限度地吸引员工和企业的战略合作伙伴参与并最大程度地利用公司供应商的能力。塔塔对贫困社群的技术援助以及美国运通为其慈善伙伴提供金融支持,都是可取的方式。

- 哪些方面是组织面临的威胁?公司在这些方面不关注企业社会责任,从而使公司处于严重的竞争劣势。想想诸如诚实(Honest)和美则(Method)这样的小型创业公司如何对宝洁(Procter & Gamble)及其他消费品巨头传递独特的企业社会责任信息,这些信息对它们的品牌吸引力至关重要。你的组织可能成为这种破坏性竞争的受害者吗?

在思考潜在的企业社会责任目标时,请考虑一下如何能够产生可衡量的结果,以便日后报告。零售商塔吉特提供了一个很好的例子,说明了一家大公司如何能够以一种有吸引力且易于理解的方式报告其实用且易于理解的企业社会责任成就。

塔吉特的企业社会责任在内部被称为"心中的未来"(Future at Heart),主要有4个重点领域:授权团队(同工同酬和多元化招聘)、服务顾客(可持续的产品和服务)、培养社群(企业慈善事业)和筹划未来(可持续运营)。[8]塔吉特公司2018年的企业社会责任报告详述了这4个领域2020年的目标（包括每小时15美元的最低工资和100%的可再生能源使用），以及在实现这些目标的道路上已经取得的重大成就。

整个项目效果与塔吉特的整体品牌信息保持一致，其简单性和相关性有助于塔吉特的品牌在消费者、员工、投资者、供应商、媒体与政府等众多利益相关方中获得增色。

巡回聆听之旅

当你就企业社会责任项目所需资金和其他资源向组织的最高决策者提出合理要求时，所有这些早期的研究和分析都将派上用场，也能获得回报。在这个阶段，最重要的并不是在让更多人参与之前去做你力所不能及的事或大包大揽。通过从小处做起，逐渐扩大规模，你将有更多机会让你的同事参与企业社会责任工作。员工的广泛支持对于说服管理层至关重要，因为对企业社会责任的持续承诺既是正确的事情，也是明智的事情。我在好时（Hershey）公司的一位决策咨询同事曾经告诉我，当涉及企业社会责任时，"管理层从不知道他们想要什么，但会喜欢你得到的东西"。

我的经验表明，最好的企业社会责任计划要从内部对话开始，讨论公司及其品牌成功的可能前景。你可以通过确定三个最重要的公认目标来开始讨论，然后衡量员工对于与它们一致的企业社会责任目标的兴趣。企业社会责任领导力需要将公司的愿景和使命与企业社会责任活动相协调，这些活动将最大程度地与公司员工产生共鸣。

在佳士得，我们在一系列举行拍卖活动的代表性场所召开了多次头脑风暴会议，开始了我们的企业社会责任之旅。我经常召开会议，而作为管理层异地会议的补充，企业社会责任只是会议期间的众多议程之一。我与各个级别和地区的同事进行了无数的面对面会议、电话会议和电子邮件交流，以便在持续对话中探讨企业社会责任在佳士得公司可能会是什么样子。我做了6个月的聆听之旅，与个人、小团体会面，最终与全球各地的员工进行会面。从纽约到伦敦，从香港到巴黎，我们尽最大努力通过电话会议和面对面会议与员工互动。

我使用全球聆听之旅来测试某些概念，并为公司注入一个共同的定义，即企业社会责任是什么以及它对我们来说可能是什么样子。例如，我们讨论了环境问题和我们的碳足迹——佳士得的员工经常出差，公司为其开展销售活动打印了大量的名录。我们还研究了慈善基金以及建立基金会或拨款计划的可能性。我们研究了志愿服务在员工发展和参与方面的作用。我们还花了相当多的时间来研究与企业社会责任相关的企业使命。250年来，佳士得一直是伟大艺术品买家和卖家的召集者，并且比商业艺术市场上的任何其他领导者都具有更高的透明度和更强的责任感。我们最终达成一致意见：佳士得企业社会责任使命的一个关键部分是将伟大的艺术品从一个守护者手中送到下一个守护者手中。

这项工作是我们设定目标的基础，也使我们在推出企业社会责任活动时更加顺畅。从某种意义上说，我们已经为项目注入了动力之源。当然，许多佳士得的员工是因为它的审美取向和教育价值而被吸引的，因此企业社会责任活动的非商业性质与他们产生了共鸣。

在召开异地会议时，你还要尝试与那些负责监督你和你的小组的部门负责人或分公司领导共同主持。你可以提前与他们合作，以便在会谈期间有效传递消息。一旦你熟悉了企业社会责任和目标，他们很可能会将你视为盟友。让他们从一开始就知道你向他们寻求的不是资金或人力支持，而是精神上的支持，以使公司更加强大，员工更受鼓舞。这样，他们会认为自己也可以在这个过程中发光发热，进而助其实现升职。

有趣的是，在我主持的每次会议上，员工的反应都是中性或非常积极的，没有负面反应。事实上，大多数员工实际上都渴望企业社会责任或类似的东西。而且，你不需要过度思考或过度分析它，因为作为一种普遍现象，大多数利益相关者会认可你的努力，并且只要不过多地对他们征税，他们就会体现出更强的责任感。在我领导佳士得企业社会责任项目的这些年里，我从来没有遇到一家质疑我们所发布内容的媒体，也没有遇到过任何一个不认可我们的努力的内部批评者。

安德烈娅·沙利文说，建立企业社会责任平台需要"坚韧和精致"。虽然人们希望参与进来，但你需要找到让他们产生共鸣的东西。她补充道："这有助于同事们了解企业社会责任在他们的角色中的重要性，并将他们带入公司的这趟旅程中。"

定义术语

在一些小规模的会议中，我通常会询问每个与会者对企业社会责任的了解，以便我协调大家的时间，以提高会议成效。当时是2013年年初，因此对于大多数非跨国公司或公开交易的公司来说，企业社会责任仍然是一个新概念。大多数同事对名称上有关企业社会责任的知识了解有限，或者他们在可持续性或企业公民等方面的经验中混淆了这些词。

另外，这些词在不同文化中意味着不同的含义。例如，在欧洲的相关讨论中，我了解到"可持续性"一词的使用范围通常仅限于环境问题，而与社会和治理实践无关。因此，当我谈到更广泛的可持续发展——关乎佳士得这样一个对社会负责的公司的长期健康时，我的欧洲同事可能会误解我。

我当时和现在的建议一直都是，就同事对企业社会责任可能抱持的各种理解进行公开讨论，并且绝不假设每个人都以同样的方式看待企业社会责任。这便于你了解同事对企业社会责任的先入为主的观念，并有助于引导你参与其中。你可以了解自己或许会遇到的问题，以及你知情的和自愿提供支持的情况。

虽然就某些定义的术语达成一致意见非常重要，但在这些早期会议中不纠结语义或细节也很重要。请记住，企业社会责任计划的目标是成为一个更负责任的公司，以此作为你的指引前进方向的"北极星"，这样你就很难被挫败或感到迷茫。这也是一个赞美你的同事的机会，因为他们正在合力使你的组织更加伟大。

虽然你不太可能在这些讨论中看到消极情绪，但你经常会遇到某种程度的怀疑。怀疑论者指责你可能只是为了公关而"漂绿"（greenwashing）或承担企业社会责任。你要预见到这样的指控并准备好应对之策。如果你认为企业社会责任将成为营销活动的延伸而非独立存在，那么请重新思考你是如何构思它的。如果企业社会责任对你的社群、客户及你的底线不是真实存在的，也没有附加价值，那么它就是不可持续的。你此时就应在线研究你的竞争对手有没有做过什么，以及你如何才能做得更好；问你的员工什么是真实的，什么是不真实的——他们一旦认同你的企业社会责任，将帮助你拟订推进该项目的最佳方案并成为最好的倡导者。

金钱和时间可能会成为最常见的争议话题之一，因为两者对任何人而言永远都不是用之不竭的。明确这些关注点是相当明智的一步，因此学习如何面对沿途的颠簸和路障非常重要。有关企业社会责任的对话可能出现断章取义的情形，对此的最佳回应是在现有预算与活动范围内着手开展企业社会责任工作。你并非有意要求企业增加预算或延长员工的工作时间，而只是请高管层将你的倡议视为一个可以获得巨大成功的试点计划，并且你的意图是将同事和他们的团队作为你公司逸事中的英雄。根据我的经验，商业领袖几乎不可能反对这样的主张。

当你进行了三到四次会议时，你将会发现你已准备好解决任何地区或职能部门中的一切员工问题。一旦你解决了部分同事的问题，你就会开始发现阻力通常可以被分成几个类别，例如资金问题或员工的时间问题。你可能发现的任何挥之不去的恐惧和怀疑都会被这样的事实彻底地消除：当员工是公司逸事的英雄时，企业社会责任最有效——而且你的承诺针对的是特定的结果。我发现，有些人可能会对谁获得信誉感到焦虑，这种保证对获得他们的支持有很大的帮助。

通过研讨会，我们可以在较小的范围内解决人际关系问题。对于研讨会，我建议提供三种参与形式：研讨时长可以为半天、一小时或三分钟。你可以根据受众的需求来安排定期的研讨。如果部门负责人可以给你在异地的时间，你就要抓住机会至少用足半天或一小时的时间。半天的研讨会可以召开分组会议，同事可以对激活企业社会责任的方法进行头脑暴并内化为集体意识。一小时的研讨会也可以做同样的事情，尽管不大可能召开分组会议。三分钟的研讨会非常适宜在电梯中开展，或者到某人的办公室、工作站或在每周例会上进行。引起人们注意的秘诀就是食物，这是经过时间考验的。提供饼干、糖果、百吉饼或任何可摄取的食物将有助于提高出勤率。

　　一直以来，巡回聆听之旅让我受益匪浅，我将它作为任何重大努力的至关紧要的早期工作，包括企业社会责任平台的开发。沟通的基本规则是了解自己的听众，而巡回聆听之旅则有助于更全面地定义和理解听众。我会咨询同事、消费者、客户和业务合作伙伴，分享我的想法并征求他们的意见和建议。这样做不可多得的好处是，它为未来开展对话和发现问题奠定基础，因为我们推出了一项计划，允许支持者为其面临的任何挑战提出更强大、更相关且经过测试的解决方案。

构建企业社会责任文化

　　在佳士得的试点项目和保密交易中，我们使用了代号名称。为了开始我们的企业社会责任之旅，我们想出了"艺术＋灵魂"的代号，同事们很快就理解了这个名字完美地表达了我们整个计划所代表的内容。当我与全球同事一起讨论这个想法时，围绕这个名字的共识已经深入人心，这可能是在第三或第四届会议期间。我们的企业社会责任计划的首批成就之一，就包括大家同意这个可以让我们团结起来的名字。我们创造了一些看似虚无的东西，"艺术＋灵魂"迅速成为佳士得公司文化不可缺少的组成部分。

我在纽约时报公司（The New York Times Company）的前老板凯瑟琳·马西斯（Catherine Mathis）曾经说过，伟大的品牌是由内而外构建起来的。她的观点是，当领导层鼓励员工在公司内部提升品牌价值时，客户和外部利益相关者将会大张旗鼓地传达品牌信息。与我合作的大公司通常都拥有一大批具备共同目标感的员工，这是决定每个公司经营水平的关键因素。当企业社会责任与公司目标保持一致并且有助于加强公司文化时，它能取得最佳的效果。"艺术＋灵魂"通过社会责任活动表达了佳士得的品牌价值。

高管猎头公司光辉国际（Korn Ferry）的研究表明，通过将企业社会责任议程作为领导力发展工具，企业可以提高员工的整体参与度和绩效。"融入一个组织的社会责任平台对于吸引、培养和留住顶尖人才至关重要，"光辉国际负责其下属公司合益集团（Hay Group）领导力发展实践项目的诺亚·拉比诺维茨（Noah Rabinowitz）说，"这样的平台为人们提供了与组织更广泛的使命和目标相关的自然灵感来源。"[9]

光辉国际发现，企业社会责任通常并未得到充分利用，而这种情况亟须改变。该公司2016年的全球研究报告显示，各级领导层在这方面的参与度低于预期，平均只有36%的组织人才是"高度参与"的。改善人们的工作态度的最重要因素是公司的文化与他们的价值观保持一致，对于较为年轻的"X一代"和千禧一代工作者来说尤其如此。

大多数组织的领导者将人才保留视为他们最关注的问题之一，因此当你与管理层讨论企业社会责任的好处时，分享这些领导者的事例和其他调查的数据要点是值得的。那些跻身企业社会责任开拓者排行榜的公司也是招募和培养员工的领导者，这些企业就像它们的使命和价值观表达的那样与员工分享其远大志向。伟大的品牌总是投资于自己的员工，然后鼓励和支持这些员工参与行业协会和当地社群的活动。这是传播品牌信息的有效方式，企业社会责任会使公司传递的信息更加有力。

通过在全球范围内宣扬我们的计划名称，我们得以将"艺术+灵魂"名正言顺地纳入佳士得的企业文化中。这个名称以一种有机的方式出现，我很自然地把它呈现给首席执行官。这是一个开始，也是我们公司文化迈出的一大步。

然而，根据我自己的经验，我也看到管理层对企业社会责任的意愿并不是完全敞开怀抱的。这是我稍后会谈到的主题。重要的是要挑战自己和企业社会责任相关同事，找到让你的组织领导者参与该计划的方法。你需要具备"向上管理"的能力，让高层管理人员参与和投入其中。你有时需要号召他们，以帮助你一起制订计划并参加项目志愿者的相关活动。即使他们不认为企业社会责任有潜力帮助公司取得成功，你也可以留出开放的选项让他们慢慢地向企业社会责任发展。为了使企业社会责任在组织内可持续发展，你永远不要放弃寻求高管层的支持。

企业社会责任初级实践者清单

- 使命匹配（Mission Alignment）：从企业高层获得支持。设定你的初始目的和任务目标，使其与组织领导层已经接受的组织使命和商业目标紧密结合。

- 快速取胜（Quick Wins）：选择"成熟果实"，选择好做的先做。识别已展开的工作效果并将其添加到你的企业社会责任故事中。

- SWOT 分析（SWOT Analysis）：根据你对组织的优势、劣势、机会和威胁的分析来规划你的工作。

- 定义术语（Term Definition）：从一开始，就了解企业社会责任可能为同事带来的各种概念，并且永不假设每个人都以同样的方式看待企业社会责任。

- 巡回聆听之旅（Listening Tour）：与同事一起测试你的想法，并倾听反馈和新观点。当你就企业社会责任所需资金和其他资源向组织的最高决策者提出合理要求时，所有这些早期的研究和分析都将派上用场，也能获得回报。

- 公司文化（Company Culture）：寻求最符合公司文化的企业社会责任机会领域，并设法强化在该领域的能力。寻找与你的组织确定的品牌价值相符的社会责任倡议行动。

第二章

建立你的社会责任平台

战略描绘了一家公司力求人无我有的领地。

——迈克尔·波特（Micheal Porter）

在 2015年2月，总部位于伦敦的品牌价值及战略咨询公司品牌金融（Brand Finance）宣布，丹麦玩具制造商乐高取代法拉利（Ferrari）登上"世界最具影响力品牌"年度排名第一的位置。品牌金融公司称乐高因其广泛的跨代吸引力、客户忠诚度、员工满意度和强大的企业声誉获此殊荣。

作为世界上最有影响力的品牌，乐高经过长达十年的转型后脱颖而出。2004年，乐高的母公司曾陷入了巨大的麻烦，濒临破产，据报道当时每天损失100万美元。乐高也一度债台高筑，经营着太多亏钱的产品线。一位新任首席执行官于2005年加入了乐高公司，他采取了许多早该采取的措施来改善公司的资产负债情况并革新公司文化。

乐高寻求"恢复公司灵魂"的一个重要方式是实施一项名为"乐高品牌框架"的方案。在某种程度上，该框架定义了乐高员工如何通过三个雄心勃勃的 ESG 目标来履行公司的使命。

- 环境：乐高旨在引领玩具行业的环保表现，并渴望使我们对环境的影响成为积极因素。
- 社会：儿童的利益永远是乐高的最高优先级。乐高致力于为三个领域带来全球性的变化——通过游戏开展儿童学习，打造安全可靠的玩具产品以及旨在促进儿童权利的商业活动。
- 治理：乐高希望坚持其长期的价值观和关怀文化，并通过透明和道德的商业实践来提升标准。

这三个 ESG 目标产生了如下一系列战略举措。

- 坚持零浪费的思维模式，在制造过程中使用再生材料和废弃的乐高积木。
- 投资可再生能源和效率提升，实现碳中和。
- 以最高的安全标准提供游戏体验。
- 消除引发产品召回的隐患。
- 扩展当地的乐高社群并让他们参与活动。
- 通过乐高集团和乐高基金会支持数百万儿童的成长与学习。
- 提高女性领导者的水平。
- 追求世界一流的员工安全水平。

通过将企业社会责任直接整合到公司的业务运营过程中，这些举措对于乐高的转型至关重要。到2015年，在公司任命和招聘的领导者中，43%为女性，比2009年提高了20个百分点。同样在2015年，乐高用废弃积木制作了1.75亿块新积木，并更加积极地参与社群活动。这些策略展示了企业如何通过做好事来取得成功。

你和你的公司可以通过类似的企业社会责任事例来解读自己的使命宣言和业务目标，从而获得乐高那样的成功。在你的公司，孕育企业社会责任战略的使命宣言所暗示的承诺是什么？在组织当前的战略计划中，企业社会责任战略在哪些方面可以发挥作用？人力资源部门的健康、安全和多样性目标是什么？企业社会责任如何为这些目标提供支持并促进它们实现？员工生活及社群中的哪些活动与你的业务战略、产品和服务相吻合，从而可以创造与利益相关方建立更紧密联系的良机？

这些履行企业社会责任的举措，帮助乐高在客户忠诚度、员工满意度和企业声誉方面超越了具有标杆地位的法拉利。如果一个玩具公司可以做到，那么其他任何公司都可以做到。企业社会责任不是一种爱好，它是一个强大的业务差异化因素。

达成共识，建立支持

美国著名环保组织塞拉俱乐部（Sierra Club）的前负责人亚当·韦巴赫（Adam Werbach）表示，一个经过充分想象和实践的可持续发展计划能为一个组织提供三方面的主要战略：节约成本的底线战略、达到新目标消费群体的顶线战略以及聘请和培养创造性员工的人才战略。这三个概念——底线、顶线和人才都与ESG元素有一定的对应关系。

传播、推进和强化企业社会责任战略为公司带来的机遇，是你培育企业社会责任文化的首要挑战。我发现在第一章中描述的佳士得聆听之旅中，最有价值的副产品是一个全公司范围内对社会问题有同情心的联系网络。我称这个群体是我的内部测试小组，它由我们赖以对话的人和为新计划的推出进行把脉的人组成。这是一个真正的同事混搭群体，不一定是由头衔、任期或才能等因素定义，而是由这些同事共同渴望培养更大的社群意识定义——这个社群不仅超越了他们的直接角色、部门或工作地点，还是一个超越纯粹业务范围的社群。

实际上，如果企业社会责任计划取得成功并不断发展，那么它无疑就应该成为组织的一个品牌。因此，按照国际品牌（Interbrand）咨询公司的概述，品牌推广活动欲取得成功，组织需要遵守四个关键因素：清晰度、承诺、响应能力和组织治理。

对企业社会责任之于你们组织的意义要清晰

在这方面提高自己的理解能力并且能够流利地进行表达之前，你很难将企业社会责任的意义有效地传达给你的同事。作为在传播方面有多年工作经验的专业人士，我有一定的优势。我准备简明扼要地写一些关于企业社会责任的文章，而且也自认为同事们会对这些信息产生兴趣并欣然接受。我接受过培训，可以将业务目标与其他人——记者、博主、投资者和员工的目标相协调。如果这种具有说服力的写作不是你的特长，请求助你们组织内的传播部门。这有助于将企业社会责任定义为一种你在聆听之旅中构思好的品牌发布活动。

乍一看，很少有人会欣赏企业社会责任为组织带来的节省成本、开发市场和保留人才的可能性。尽早明确这些可能性能真正帮助你将计划付诸行动。此外，分享其他品牌的成功案例可以帮助别人理解你的信息。

根据我的经验，许多人仍将企业社会责任视为一种涉及"绿化"的环保活动。人们通常将企业社会责任的社会组成部分解释为慈善捐赠（当财富多到足以向外赠送时），然而并没有看到企业社会责任与公司治理的任何明显关系。

在围绕企业社会责任和同事交谈时，你可能会发现有些同事只是礼貌性地点点头，这时你一定要重复你的话语，询问他们的观点及打算如何将企业社会责任融入其角色中。当他们为你提供基于其实际工作对企业社会责任的理解和请求时，请耐心听取和自己不一致的观点，并不断提出问题。为了消除分歧，如果你可以借助一些早期的误解来开展对话，进而与同事进行更深层次的互动，那么这样的误解可能是有益的。

举个例子，在佳士得推出企业社会责任的早期阶段，我经常解释说虽然环境议题对我们的"艺术+灵魂"项目很重要，但回收办公用纸并不像利用我们独特的拍卖技巧那样重要。我们更需要大家的拍卖技巧为非营利组织（特别是那些对我们的顶级客户最重要的非营利组织）筹款。当我能够展示佳士得的独特能力是怎样推动更多的社会公益活动而不仅仅是企业捐赠时，这些能力加深了每个人对企业社会责任可能性的思考。

我们开始跟踪这些销售结果并对它们进行公开报道，这一步更加重要。我会时不时逗笑那些需要说服的同事，这归功于通用电气公司前首席执行官杰克·韦尔奇（Jack Welch）的语录，他曾说："对于上帝，我们的信仰坚贞不移；对于所有其他人，他们都需要用数据说话。"在"艺术+灵魂"项目启动的第一年，支持慈善事业的拍卖活动获得了超过了2.5亿美元的亮眼成绩。看到这样的"数据"，我们对自己所做的事情由衷地感到自豪。

因此，从一开始就为你的组织在各个方面定义企业社会责任是很重要的，这需要定义你的组织影响社会的方式，以及如何为社会做出最大的贡献（企业社会责任最宽泛和最全面的定义具有更多包容性和鼓舞性的额外优点）。在书面传播中，释放语言能力的一种可靠方法是预测怀疑论者和反对者的关注点，并以知名品牌的有据可查的成功案例（包括我在本书其他地方引用的案例）作为正面例子来回应这些关注点。

另一种确保准确性的实践是创建一个常见问题清单——你可以在其中列出写作时想到的所有问题或主题。在列常见问题清单时，你将不可避免地发现自己的答案中缺乏说服力的细节内容。即使没有立即得到所有答案，你的常见问题清单的初稿将提供一个实用的大纲，便于你与所有关键职能领域的同事进行讨论，这些领域对于企业社会责任的成功至关重要，例如人力资源、传播、营销和运营。常见问题清单也成为你关于企业社会责任的系统性知识，当你不在其业务区域时，其他人也可以使用它。从某种意义上来说，在预算和人数上限不允许你去传播企业社会责任的情况下，常见问题清单允许你扩展你的企业社会责任。你在常见问题清单中获得的任何反馈，都能帮助你的计划经过实战测试并且变得更加有效，这对于各种持续进行的慈善活动来说都是一种理想的工具。

在整个传播和践行企业社会责任的过程中，你将通过各种活动、书面沟通和其他方式激发反馈，你可以将其纳入书面文档并向同事演示。每次交付和听取员工的意见时，企业社会责任的传播都会变得更加有效。这种活动心态从未真正消失，也不应该消失。随着企业社会责任平台的启动和发展，你需要保持活动模式不走样，始终伸出援手，创建新计划并不断更新，以便为企业社会责任项目的持续推进创造更多动力。

展示并传播你的承诺

在企业社会责任事业出现之前，你的同事们的工作已经非常忙碌了，所以你必须向他们做出承诺：确保企业社会责任是真实存在的并且它就在你们的组织里。任何不恰当的承诺行为都将面临不再被他们关注的风险——之后他们将不再信任你和你的计划。

从小事中表现出承诺。除非你已经做好实时更新动态的准备，否则不要启用博客。如果你有需要在工作场所分发的材料，请确保它们不会在截止日期之后还在公告板和其他地方出现。无论你对企业社会责任领导者的承诺程度如何，你都必须小心无意之中发出的任何信号，这些信号可能会让人们误以为公司的企业社会责任只是一种流行的时尚或其他人的工作。茶水间或公司自助餐厅周围的非正式头脑风暴比全职员工的电子邮件能获得更多的洞察力？也许吧。测试不同的方式来证明对真正的员工对话的承诺。在大多数工作场所，所谓好的想法会变来变去，这时要由你来证明企业社会责任并不是这样的，它的好想法会保留下来。

借助强有力的内部传播，企业社会责任得以不断发展，这些传播促进了公司中的每个人在可持续发展问题上有出色的工作表现。遗憾的是，企业社会责任方面的传播常常资源不足。在那些企业社会责任负责人不是由专业传播人员担任的公司中，这可能会是一个问题。

"我认为客户在采购工作中面临的最大障碍是他们不是专业传播人员。"企业管理软件供应商思爱普（SAP）公司企业社会责任传播负责人詹妮弗·比森（Jennifer Beason）说。SAP Ariba是思爱普的子公司，是全球最大的企业对企业网络，连接着190个国家的340多万买家和卖家。许多从事金融与采购工作的人正在制定支持可持续产品和业务的有影响力的大型购买决策，但这些消息并未传达给其他公司。"这些都是需要创造能力的新工作，"比森表示，"内部传播对于公司内部的数字化转型至关重要。"

数字通信是世界通用的传播方式，你可以利用它们来增强你的优势，节省成本并为你的业务活动生成新鲜内容。你不妨问问人力资源、企业传播或投资者关系部门，看看它们是否创建了可以纳入其现有通信渠道和日程的定期沟通机制。如果企业社会责任方面的传播工作有你公司首席执行官或高级管理人员的背书，那么它们无论如何可能都需要创建定期沟通的机制。

在某些情况下，你必须自己起草完整的传播方案，但在早期，你最好找到一个愿意进入人力资源部门或传播团队工作的志愿者。企业社会责任本质上是高度激励和理想主义的，因此这项工作就其实质而言往往比大多数其他企业的传播工作更有趣，也更有吸引力。如果你能够找到愿意帮助完成这些杂务的支持者和志愿者，该计划就能建立可信度，同时让你的工作更轻松，企业社会责任活动也会更有效。

当你开始"绘制"特定的企业社会责任策划案时，构建和维护相关网络将成为你最重要的日常任务。你希望与信奉企业社会责任的人联系——实质上是更广泛的社群意识和善意——然后支持他们、鼓励他们并将他们中的一些人发展成为你的超级志愿者。

我相信你已经可以开始关注在组织中接收企业社会责任信息的同事。谁组织烘焙品的销售和血液捐献？谁对垃圾回收近乎狂热？谁在为乳腺癌患者和艾滋病患者奔走？又是谁在主日学校任教或在童子军承担抚育工作？你如果开始通过不同的视角——服务或公众参与——来审视你的同事，将找到很多潜在的企业社会责任拥护者。现在开始列出他们的名字以供将来参考。

为了吸引更多资深同事参与进来，请尽力让他们轻松地扛起企业社会责任旗帜。一种方法是在团队会议上就企业社会责任这一话题与某位高级经理交流意见，分享感悟。如果你不愿意提出这样的要求，请考虑那些一直在寻找新的方式来吸引自己的团队并激励团队成员努力把业绩提升到一个新水平的领导者。践行企业社会责任可以以一种亲历亲为的方式来对这种竞争优势进行个性化的运作，并开发出独特的领导技能。如果你与高级经理们合作并让他们了解企业社会责任活动如何为团队的成功提供动力，他们会将其视为一种有价值的工具并将你视为很好的盟友。同样，在职业晋升和加薪都受到更多限制的组织中，员工参与企业社会责任活动可以让他们获得专业上的发展，在领导能力方面也能得到认可。

尝试向高级经理展示将企业社会责任与年度审核流程联系起来的各种方法。如年度审核时，员工设定目标的环节是管理者创建那些旨在促进业务发展的企业社会责任支持目标的良机。在指导团队时，管理人员可以利用的计划和职位都是有数量限制的。企业社会责任是该辅导工具箱中的一个额外工具。你可能会在人力资源部门找到一位管理员，他愿意负责数字签名和记录保存，以便节省纸张，提高处理效率并展示其领导技能。

问问自己，你的企业社会责任项目的受众从人口统计学上来看是否有代表性，他们是否被你的介绍所吸引。如果答案是"不"，那么你就应考虑让你的首席执行官帮助去集结"部队"——他们可能需要公司支持其参与企业社会责任的信号。如果你继续尝试在他们的职能范围内使其感到满意，并将企业社会责任战略与他们自己的愿景相结合，那么你将在整个公司找到企业社会责任大使。也许在你的销售团队中有一位中层经理，他鼓励其所在部门参加一年一度的志愿者远足。无论是规模大小还是成功与否，任何这类活动都有助于你将企业社会责任融入公司业务这一终极目标。

另一个可以利用的工具是致力于企业社会责任的专业协会和在线资源。从国际商务传播者协会（The International Association of Business Communicators, 缩写为 IABC）到三重底线和企业社会责任新闻专线（CSR Newswire），从波士顿学院企业公民中心（the Center for Corporate Citizenship at Boston College）到企业社会责任与法律（CSR and the Law）网站，你可以获得丰富的知识和灵感——知识就在你的手指尖。在谷歌页面简单地搜索"CSR Resources"，你将获得一些最新和最常见的企业社会责任资源。

把响应能力放在第一位

一旦你开始寻求帮助，请认识到，企业社会责任计划成功与否将根据你和项目对他人所提供帮助的响应程度进行评价。因此，除非你准备快速对5个、10个或20个建议做出回复，否则不要寻求帮助。

处理问题和投诉应该成为首要任务。把它们想象成牛奶：无人看管，它们就会快速变酸。当你无法处理问题和投诉时，创建模板答案可以快速让更多人知道解决办法并由其他管理员回复。模板答案就像在电子邮件中设置签名行一样简单，该签名行包含一个能导向你最新年度报告的链接，或者要求员工告诉你他们的工作情况，或者向你发送员工建议以启发你的企业社会责任计划。你会很快发现在项目活动中不断出现的争议、问题和机会，然后可以尽可能多地使用模板进行回应。

你一旦将自己的信息模板化并且流程已经到位，就可以轻松地从初创定位转变为内部顾问定位。你的同事会将企业社会责任视为附加值，因为你正在帮助他们参与团队活动并激励他们的团队成员。

社交媒体和移动数字媒体给职场行为带来变化的好处之一，是你的企业社会责任计划——作为一种令人兴奋的内部"启动"行动——可以更容易地吸引社会关注。被新事物所吸引是人的本性。而且，由于企业社会责任是公司内部的一个新行动，参与该计划的你不会被部门内那些根深蒂固的做法和期望所困扰。你的新鲜感提供了一个吸引员工的初始机会窗口——就像一扇开放的窗户，可以输入新鲜空气。不要因为没有准备好对员工的热情进行回应而浪费这个机会。提前考虑你要打什么"组合拳"。

例如，每次传达书面信息（如发送电子邮件或在市政厅进行演示）时，请务必对其效果进行跟踪，例如在大厅收集员工反馈。你还可以使用调查猴子（Survey Monkey）或谷歌文档（Google Docs）之类简单的在线调查服务来快速获取具体且可操作的想法。

如果你的企业社会责任团队由你和另一位同事组成，那么请尝试从其他部门借用一些实习生或初级员工并争取他们的支持。你将很高兴看到同事们是多么愿意为一名企业社会责任工作人员做一两个小时的志愿服务，以及初级员工多么乐意去基层做一件有意义且蕴含着多种可能性的事情。你也会惊喜于初级员工能够快速与同事们打成一片，融入其中，还会惊喜于他们将为你提供未经修饰的反馈的质量和数量。

LifeSaver糖果就是一个很有趣的例子。在佳士得工作期间，我们在伦敦、纽约和香港地区开展员工志愿者洽谈会时——我们称之为艺术大会（Arts Assembly）——就是借助即时通信工具定期发送邀请和更新信息。为了确保持续和积极的印象，我们还在艺术大会前夕向每位员工发放独立包装的LifeSaver糖果进行跟进，附上了一张简短的宣传纸条，上面写着：

> 当一名"救生员"（life saver）并参观艺术大会吧，看看你如何在年轻人的生活中做到与众不同，有所作为。

这种方法有三个值得注意的优点。首先，由于为2 000名员工买LifeSaver糖果只花了不到200美元，因此糖果是一种便宜且易于使用的工具。其次，无论员工何时离开办公室，我们都能以突破日常生活习惯的方式处理我们的信息。最后，甜蜜的糖果总是能奏效。我们所有的艺术大会都有出色的投票率，而我们始终认为那些LifeSaver糖果的提醒在某种程度上取得了成功（见图2-1）。

> # 当一名
> # "救生员"吧!
>
> 请于8月7日上午10 ~ 12时顺道参加艺术大会。在18楼的1、2、3号观景房，20多家艺术机构的人员期待与像你一样有才华的志愿者见面。

图2-1 艺术大会宣传纸条——附加单独包装的LifeSaver糖果

随着各种反馈信息不断流入企业社会责任活动，你不妨将每条反馈信息都视为需要关闭的开放循环。为了快速高效地完成这项工作，我建议你将收到的所有评论打包归类到明确定义的主题或类别中，并为将来活动中可能出现的每个专题准备解决方案，这些也可以与之前讨论的常见问题清单一起使用。当你通过自己的行动以这种通用的方式解决此类问题时，同事们就会知道自己的声音已被听到并且他们的意见得到了重视。在公共场所关闭反馈循环时，请记住按名字识别员工。给予员工个人的尊重和支持，有助于建立你的个人信誉和提高计划的可信度，也可以作为职场团队精神的助推器。

另一个工具是主动请求或不放过任何参与员工会议的机会，这类会议包括年度全员会议、地区员工会议以及每周团队会议。经过几次尝试，只需几分钟就可以进行简短的例行讲话，余出更多的时间与他们进行更丰富的一对一面谈。我总是有一系列事先准备好的问题可以提供给员工，以防他们因为太害羞而不敢提出自己的问题。

在这些会谈中，我总是提醒佳士得同事我是在为他们做这些事情——如果一个事件或活动没有吸引他们参与，那它们就不值得我们去做。这种观点对鼓励志愿者掌握企业社会责任的各组成部分非常有价值。直到今天，每当我谈到同事在企业社会责任中扮演的角色时，都会告诉他们我的目标是将他们当作公司逸事中的英雄。不仅此举带来了无可否认的好处，而且大多数员工很难完全置身事外。

我收到的最有价值的企业社会责任反馈来自与同事的闲聊。出于这个原因，我认为企业社会责任领导者工作的一个关键职责是从办公桌后面走出来。美国国家橄榄球联盟（National Football League，缩写为 NFL）和 NBC 环球（NBCUniversal）集团的首席可持续发展官贝丝·克莱顿（Beth Colleton）说：

"你必须走进办公区，真正了解他们如何经营这项业务。你借此可以了解他们的压力点，以及他们认为自己面临的挑战。试着站在他们的角度看问题。请记住，企业社会责任并不是你卖的东西，而是他们买的东西。"

从组织最高层培育支持度

企业社会责任从组织的最高层获得了很大的动力，这一点重复多少遍都不为过。当首席执行官或公司所有者可以看到企业社会责任战略如何直接与公司降低成本、增加收入和保留员工的举措相得益彰时，企业社会责任真正起飞的时候就到来了。

你需要培养领导力和企业社会责任之间的联系，以确保公司领导层能够看到这种联系。让公司高管层了解情况、参与其中并提供咨询。此外，你所传递的任何信息都要表明企业社会责任在员工中获得了真正广泛的支持。

理想的企业社会责任倡导者应该始终是公司的首席执行官或所有者，你应该尽可能地让他们参与企业社会责任项目。如果首席执行官因时间关系而不能出席会议，请用免提方式进行三到四分钟的电话沟通。你也可以提议起草全员通信或年度报告函供其审查和签字，甚至要求他们在相关会议中将企业社会责任作为常规议题，以此通过例子显示首席执行官直接领导企业社会责任项目。就像提供给你的首席执行官或企业所有者的内容一样，请务必让执行层面的直接下属也能轻松获得帮助开展企业社会责任活动所需的信息和工具。

"我们将企业社会责任作为首席执行官议程项目，"普林斯顿成长风险投资公司的前首席执行官兰格·萨尔加梅说，"为了获得最大的成功，我们必须这样做。"

美银美林在欧洲、中东和非洲地区的分行创建了一个ESG治理结构，该行的整个组织都参与其中。"我们的总经理是这个ESG平台的倡导者。"安德烈娅·沙利文说，"与ESG团队一起，各层级员工都会帮助推广这些计划，他们的努力都也得到了相应的支持和认可。这项工作也成了识别未来领导者和建立我们文化的一种方式。"

为了帮助犹豫不决的高管人员参与企业社会责任项目，我会特意安排30分钟或更长的固定时间到各办公室或工作站走动走动，并让高级（以及更多初级）员工参与时事话题和企业社会责任的讨论。对于其他地区的员工，我会用随机打电话的方式与其沟通。信不信由你，没有任何一个同事告诉我他没时间给我做企业社会责任的反馈。你的体验可能也会与此类似。

很多时候，高管们可以说他们太忙或用一些突发的危机来解释他们为何无暇参与进来。这种孤立状态对于企业社会责任的努力来说可能是致命的，但事实上，孤立可能对于没有经常与普通员工接触的高管来说更为致命。企业社会责任实际上可以成为一种高管们与员工互动的安全而简便的方式。具有讽刺意味的是，我发现企业社会责任是让管理人员获准打破惯例并以新鲜和真实的面貌与员工互动的方式之一。

如果你的首席执行官能够定期出席员工、客户及其他利益相关方参与的企业社会责任活动并进行交流，那么这会让你更加兴奋。所有三个参与者——客户、员工和首席执行官——都受到了这种互动的肯定。摩根大通（JPMorgan Chase）首席执行官杰米·戴蒙（Jamie Dimon）是这种做法的佼佼者。他经常出现在一些被我称之为"开车经过"的活动现场，这些看似即兴的5分钟访问从表面上看不够正式，但具有重要的战略意义。

有一次戴蒙是在我所在的组织——纽约州的非异性恋者（Lesbian, Gay, Bisexual, Transgender, Queer, 缩写为LGBTQ）倡导组织帝国州自豪议程（the Empire State Pride Agenda）中做到这一点的。每年我们都会举办一场"职场的自豪"（Pride in the Workplace）午餐会，以表彰在纽约培育更具多元化和包容性的职场氛围的公司。有一年，摩根大通提供了雅致的会议室和可口的餐饮，为150名非异性恋领导人举办颁奖午宴，由银行充满活力的首席通信官乔·埃万杰列斯蒂（Joe Evangelisti）主持。想象一下与会者对此的震撼和喜悦。首席执行官杰米不仅亲临会场，还给了乔一个巨大的熊抱，在这不到五分钟的时间里，摩根大通的核心价值多元化和包容性的重要性给整个团队留下了深刻的印象。

你如果用谷歌搜索"企业社会责任"和"摩根大通",就能看到世界上规模最大且监管最严格的银行作为最佳企业社会责任实践者的点点滴滴。从上到下,这个银行每天都在努力提高自己的竞争力。就在最近的2018年6月,当美国政府将边境的移民家庭分开时,戴蒙写信告诉他的员工,强调自己对这项政策的反对立场,引用美国的价值观对其进行了批驳,并表示解决移民问题"将明显促进经济发展,并且能帮助像我们这样的公司聘请更多优秀人才"。

总部位于巴黎的开云集团首席可持续发展官兼国际机构事务负责人玛丽·克莱尔·达维(Marie-Claire Daveu)说:"你必须确保高管人员真正参与到这一旅程中。如果没有高管人员的信任并亲身参与其中,什么都不会发生。这不仅仅是钱的问题。对我来说最重要的是变革管理。为了促使人们超越原有界限,你需要有这种参与精神和有愿景的参与行动。这是为了向人们表明,可持续性不是一种选择,而是一项事业和一种长期必需品。"

回想起来,我本可以而且应该在佳士得做更多的事情,以吸引我在企业社会责任工作中多年来所经历的三位首席执行官的注意力。我可能因为太害怕遭到拒绝而放弃了很多和他们沟通的机会。事实上,不做这些事很容易。我从不会为了找到更好的方式来获得高管层的积极参与和合作而挑战我的首席执行官。例如,虽然我也曾决定在我的小组演讲中邀请几位具有代表性的高管人员,但是由于紧迫的截止日期和其他优先事项,他们中的许多人经常缺席。我如果在早期对自己更诚实，那就会尽力说服自己和我的首席执行官：高管层需要更多地参加这些会议。当企业领导力缺失时，企业社会责任很容易被认为仅仅是"挺好"的项目，而不是能帮助品牌建设和提升员工士气的关键任务。

战略决策

在第一章中，你在公司内部的研究揭示了公司已经在做正确的事情。现在，在制订整体企业社会责任计划时，为了使那些努力的效果最大化，你可以开始定义相关的策略。当你在各个部门中列出公司正在进行的社会责任活动时，请查看那些快速修改、重新构建或简单宣传就能帮助你展示长期企业社会责任战略可能性的示例，出发点可能包括公司的回收计划、节能设备使用情况或"工作结束后请关灯"这样的规范。我之前只跟踪有益于非营利组织的拍卖活动，这种做法其实是与前述策略相违背的。虽然我们一直在做这件事，但我们从来没有真正赞美它或谈论它。

支持已有的活动

随着你的成长，你可以识别出已经存在的员工志愿者实践，例如癌症步行筹款或企业挑战筹款之类的员工筹款活动。摩根大通再次提供了一个很好的例子。在全球范围内，每年都有数千家公司参加摩根大通公司的企业慈善挑战赛。参与公司赞助了数万名参赛者。这些公司可以在内网上展示团队与胜利车手的合影，没有什么能比这更好地展现真正的团队精神和集体努力可以让一切变得更美好的了。这样的画面一旦上线就可以被广泛分享，从而进一步扩散你要传递的信息。

你不妨尝试支持你的公司所在地特有的活动，或者为应对特定挑战而展开的行动。同时，你也要对每个人心中的紧迫问题及他们的组织的不足之处保持敏感。例如，在中国香港，伸手助人协会（Helping Hands）向很多公司提供了为贫困青少年担任导师的机会。佳士得根据当地需求定制志愿服务，伸手助人协会是我们在香港选择的合作伙伴之一。

这是一个探索你们公司的实物捐赠和志愿服务的薄弱点的机会。在佳士得，拍卖所得直接捐给客户所选择的慈善机构，我们对此类业务的总量进行了讨论，这些数字每年都令人印象深刻。除了代表客户进行拍卖外，佳士得还为非营利组织的筹款活动提供拍卖师，这项服务不拘泥于拍卖行的传统销售厅和拍卖日程，旨在帮助慈善组织和整个慈善事业。

在"艺术+灵魂"项目推出之前，我们从未对慈善拍卖行的这些活动进行过内部跟踪和报道。佳士得受过训练的慈善拍卖师代表海伦凯勒国际（Helen Keller International）、犹太老年人服务管理局（the Jewish Aging Services Administration）、无国界医生（Doctors Without Borders）、世界海洋保护组织奥西安娜

（Oceana）和纳尔逊曼德拉基金会（Nelson Mandela Foundation）等慈善机构在全球范围内开展了无数的拍卖活动。通过正式计算为这些机构及其他有价值的事业而拍卖的艺术品数量和筹集的资金，我们搜集到了许多独特而鼓舞人心的故事，以讲述给我们的员工和投资人。这很容易做到，而且给予了让同事们出彩的机会，让他们感觉自己得到了赏识。

从小事做起，让同事们跟着你的步调

虽然通常只有大公司才有机会利用企业社会责任产生重大影响，但规模较小的公司，尤其是仍由创始人管理的私营公司本身也很有可能受到企业社会责任的重大影响。通过紧密结合的文化和一两个工作场所，小公司就可以进行快速的变革，从而立即对公司的底线和声誉产生影响。

无论公司的规模或性质如何，你都要设立一个筹款岗位，和同事们一起工作，并且不要忽视你的最终目标——做一个可持续发展的企业，在使社群更加强大的同时为公司谋利。用一位美国国防部长的话说，你带着麾下的士兵上战场，即使他们不是你想要的或希望拥有的战士。

我们在佳士得的企业社会责任团队有点像杂牌军。虽然正式成员只有我、一名协调员和两名大学实习生，但我们选择了让一大群同事加入。我们在聆听之旅中选定了这些同事，他们在企

业中的角色与我们的企业社会责任计划相吻合。例如，托比·蒙克（Toby Monk）是伦敦分公司的人力资源招聘专员，他具备天然的条件帮助我们在那里推广和管理志愿者活动；我们在纽约分公司的总法律顾问卡伦·格雷（Karen Gray）是我们所有努力的坚定拥护者，她出席了我们所有的活动并利用她的团队和资源为此提供帮助；在伦敦，我们的设施团队的贾尔斯·芒廷（Giles Mountain）是跟踪佳士得水电使用情况和废弃物管理服务的专职人员。鉴于这样的人员构成，我们不得一点一点地克服困难和迎接挑战。我们做到了，而且是从这个小小的团队开始的。

即使在大公司，单个工作场所也能够开始小规模的企业社会责任工作，这可以在整个组织中产生巨大影响。早在1983年，迪士尼乐园度假村的工作人员表达了一个意愿：组建一个为加利福尼亚州奥兰治县的非营利组织提供帮助的社群服务小组。这种真诚的愿望形成了迪士尼乐园社群行动小组，起初这是一个无关紧要的倡议。然而，该团队的工作为迪士尼及其慈善合作伙伴赢得了如此多的声誉，以至它在1992年激发了全公司范围内志愿者项目 VoluntEARS 的推出。

如今，迪士尼志愿者团队致力于在全球范围内开展有意义的项目，主要是为了让迪士尼业务部门所在社群的儿童和家庭受益。2015年，该项目在235个当地活动中提供了超过83 000小时的志愿时间。通过员工管理的社群基金，志愿者提名的组织获得超过

35万美元的拨款。另一个名为EARS to You的捐款计划允许志愿者们将其志愿服务时间转为对其选择的非营利组织的资金捐助，该计划为迪士尼社群里的组织带来超过20万美元的捐款。

VoluntEARS项目让迪士尼公司有机会成为与其相关的所有社群的好邻居。它将公司文化作为一种关怀，并为员工提供独特的社群服务机会。这是企业社会责任活动如何协同公司文化建设、人才保留和品牌推广的一个很好的例子。

花钱让员工做志愿

如果迪士尼不愿意为其成功投入一些资源，那么VoluntEARS就不会成为一个成功的项目。许多公司发现，社群服务志愿者工作对于它们的品牌形象和员工幸福度非常重要，以至它们允许并鼓励员工在工作时间开展"志愿者"活动。据估计，相比2009年的15%，现在已有20%的雇主为员工提供专门用于志愿服务的带薪休假银行。

在明尼阿波利斯的美国银行总部，部分员工每星期五的早上不用来办公室，而是在当地的非营利机构帮厨。实际上，员工每年都有几天可以通过额外的带薪休假的方式来支持公司的社群服务工作。2017年，这些员工累积了188 000小时的志愿时间。同时，该银行提供了450万美元用于支持其业务所在的社群。

对于你的公司而言，这可能意味着在志愿者离开办公室时公司仍在为他们付费，为旨在促进大趋势（如气候、教育和医疗保健）的社群工作提供资金，或者为你的企业社会责任计划提供足够的预算，从而产生更大的影响。

这种活动在法律服务和其他职业中很常见，雇主应该支持雇员将一定比例的时间用于无偿工作的传统。然而，将无偿概念扩展到其他工作场所需要解决如何保留优秀员工这一非常现实的问题。为员工提供相互联系的机会，同时做好事也有助于形成好的企业文化，提升员工士气——当你回想到光辉国际调查发现只有36%的组织人才感到高度参与他们的工作时，这会是一个重要的考虑因素。

在你的公司能够支持并正确交付的范围内，企业社会责任工作的一个主要优势是它有意义且有益处。让员工每年都有几天可以带薪离开办公室去做志愿者工作，可能是公司可以做出的最佳人力资源投资。

和企业社会责任同行建立网络，你将受益良多

当我刚开始接触企业社会责任时，独力支撑的感受特别强烈。企业社会责任仍然是一个新领域，可以让任何现有的专业团体参与其中。今天，我们能看到企业社会责任培训计划和会员组织不断涌现，而且为了了解该领域并建立一个属于自己的网络，参与其中可能有更显著的价值。

就个人而言，我通常会避免使用这些群组，因为我自己的网络已经相当强大，现有的任何一个群组都不能满足我的特定业务需求，反倒会额外增加一些障碍，尤其是参与会议和协会需要投入时间和金钱——我总是可以找到能更好地利用这些资源的事情。开云集团首席可持续发展官兼国际机构事务负责人玛丽·克莱尔·达维表示，参加行业内的贸易协定和会议可能更具战略性，然后在那里寻找有关可持续发展问题的会议。"我们经常接到演讲邀请。"她说，"当会议不是关于严格意义上的可持续性，而是在讨论商业、奢侈品或时尚且对方希望包含可持续发展的目标时，这样来推动企业社会责任有时会更有趣。"然而，她指出，可持续发展会议吸引了许多有影响力的活动家和非政府组织，这点也是她与会非常重要的原因。

然而，我在避免参加企业社会责任项目的规则上破了一次例，后来证明这是我做过的最好的事情之一。我参加了哈佛商学院开办的为期三天的可持续发展高管教育课程。这就是我对企业社会责任有"信仰"的原因，这得益于罗伯特·埃克尔斯（Robert Eccles）和乔治·塞拉菲姆教授的指导，他们是研究可持续性具有良好商业意义的先行者。正是在这次活动中，我的顶级企业社会责任专业人员网络增加了大约40人，其中包括来自美国石油公司Hess和采购商Nutrea等领先公司的人员。

建立这样一个网络对于测试想法是否可行以及借用和分享那

些对你有用的想法非常宝贵。它对于情感支持也很有价值，因为
领导企业社会责任可能是孤独的。你不妨四处打听一下，哪些相
关的计划或会员组织对你所在行业或地区的企业社会责任从业者
最重要。你可以学到很多东西，能节省一些时间，也可以建立一
些持久的友谊。

专业聆听之旅

我在佳士得进行内部聆听之旅的同时，还在其他企业社会责
任从业者中进行了非正式的专业聆听之旅，包括与我在哈佛商学
院学习时遇到的那些人进行沟通。除了哈佛商学院的校友之外，
我还关注了在多个国家开展业务的跨国公司的企业社会责任项目，
因为地理和时区是我在佳士得面临的重大挑战。

首先，我花了很多时间咨询多家公司的企业社会责任负责
人，例如好时、百事可乐（PepsiCo）、美国运通、纽约梅隆银行
（BNY Mellon）、美银美林、普洛思（Proskauer）律师事务所、
光辉国际和高盛（Goldman Sachs）。我用到的咨询方式包括打电
话、正式会议和登门造访。我很快就了解了企业社会责任社群是
如何做到的——一个由拥有共同目标感的个体组成的社群，他们
努力让世界变得更美好。我们都在一起，所以大家尽可能地互相
帮助。

借助自身在企业传播方面25年的经验，我在该领域拥有一

个现成的领导者网络，他们可以为我的企业社会责任专业聆听之
旅做介绍。你虽然可能现在还没有类似的特定优势可以分享，但
应该尝试使用现有的任何人际关系来了解其他公司的企业社会责
任计划。例如，如果你曾与那些服务于同行公司的高管招聘人员
或专业服务提供商（如审计师或律师）合作，那么请让他们知道
你的倡议，并询问他们是否可以向你介绍对此感兴趣的人。请记
住，它们是专业的"连接器"，并且大多数人喜欢介绍彼此，相
互获利。

　　其次，你可以通过查看同行公司、供应商或公司供应链中与
你相邻的公司的企业社会责任报告并从中找到新的联系人。公司
之间的现有关系为你提供了讨论它们的报告的机会，一旦参与，
请向它们征求工作建议。你所做的研究和查阅工作也将有助于你
自己的计划的形成。

　　最后，你也可以加入领英上的在线企业社会责任网络，然后
吸引那些有见识或意见的人。你可能会对企业社会责任同行的专
业性和响应能力感到兴奋。这是实践过程中的重要特征之一：人
们关心创造积极和持久的涟漪效应，你是其中的一分子。

　　一般而言，你希望与那些视你为同行的人联系，但寻找那些
和你以相同的路径从事企业社会责任的专业人员也会很有价值，
无论是通过公司传播、法务、人力资源或运营部门。有了共同的
背景和对于组织动态的相同视角，即使你们公司非常独特，你也

会发现很多可以谈论的内容。

朱迪·滕策（Judy Tenzer）从20世纪90年代和我一直合作至今，我们共同帮助美国运通公司推出和管理企业社会责任工作。朱迪·滕策是我倾听之旅的第一站。她建议我深入挖掘数字网络，从领英开始，但要逐步扩展到其他社交媒体平台——例如脸书、瓦次艾普（WhatsApp）、微信和色拉布（Snapchat），以慢慢记住你可以咨询的人。

正如摩根大通此前所述，你利用数字技术并在网络中搜索"企业社会责任""可持续性""企业公民"等关键词便可以了解你可能错过的其他人。当你在线搜索那些能激发你灵感的品牌时，只需在搜索栏中添加"企业社会责任"或"可持续性"等词语，即可获得丰富的信息来帮你开展聆听之旅。通过领英，你可以直接与他们联系，也可以要求组织者为你提供一系列可供联系的校友通信录或会员名录。这类名录没有害处，会拓展你的企业社会责任网络，还不花一分钱。

建立自己的企业社会责任组织

当我于21世纪初在佳士得开始运营企业传播团队时，我在艺术生态系统中很少见到同行。我参加企业的传播活动时发现自己有些孤独，没有太多可以做的事情。我意识到虽然佳士得是一家营利性公司，但它也是一个艺术组织，而且我与艺术领域的传播专业人士有更多共同之处。

因此，我开始创建ArtsCom，这是一个受到邀请方可加入的会员组织，由来自纽约所有顶级文化机构（包括大都会博物馆、现代艺术博物馆、卡内基音乐厅、布鲁克林博物馆和纽约公共图书馆等）的首席传播官组成。尽管该组织已成立10年了，但传播官们还是每月聚会一次，每个会员被要求每两年举办一次季度早餐以代替会员费。该项目非常有价值，2011年，我的联合创始人玛丽·特普德尔（Mary Trudell）和另一位朋友朱利安·伯德（Julian Bird）在伦敦建立了ArtsCom的第二个分所，朱利安是泰特博物馆集团前首席运营官和现任伦敦剧院业主协会首席执行官。

我们共同分享社交网络、信息、见解、支持和善意。我们发现在各自的组织中大家都是"怪人"，彼此之间的共同点比我们日常共事的同事更多。企业社会责任专业人员就是如此。没有其他人在职场中扮演这样的角色，而且你的职场中很可能没有人真正能够理解你所面临的挑战。

通过将附近所有的企业社会责任专业人员聚集在一起，在本地创建自己的"怪人"团队，可能对于你的企业社会责任事业来说是最有价值的事情之一。如果本地已经有一个这样的组织，你不妨考虑加入。这种季度会议可以提醒你总有更多需要知道的事情，而且很多其他人已经在你前面铺好了路并乐意帮助你进入新角色。这是企业社会责任的一部分。它一直在通过包容和协作变得越来越强大。

　　建立一个拥有大批支持者的企业社会责任平台能发挥良性循环的作用。你的活动越多，构建的平台的容量越大，企业社会责任计划及其网络就越好。对我来说，这可能是一个孤独的地方。近十年来，我既掌管过一个30人的全球传播团队，也带领过一个仅有2名全职员工的企业社会责任部门。但我认为挑战是一次机会，主要是因为我相信这一使命。我没有感到孤独，而是从那些曾在自己的公司中开创企业社会责任事业的外部人士处寻求建议和灵感。然后，如前所述，我通过国际商务传播协会和可持续会计准则委员会等专业组织提供丰富的知识与网络。然后，作为引进企业社会责任这一理念的终极表现，我创建了新的组织——特别是ArtsCom在纽约和伦敦的分支机构，这不仅满足了我的专业网络需求，而且还提升了佳士得的企业社会责任使命，填补了行业的空白。

第三章

聚集和连接

当你成为领导者时，你并没有获得冠冕，
而是被赋予了让别人发挥最大潜能的责任。

——杰克·韦尔奇

2005年，通用电气公司在全球推出了一项名为"绿色创想"（Ecomagination）的新计划。这是一项雄心勃勃的突破性战略，旨在重新定义"绿色环保"对于如通用电气这样大规模的公司的意义。通过与沃尔玛（Walmart）和英特尔等公司的合作，通用电气在新兴市场开展了可再生能源的项目，开发了高效的商业照明方案，并研发出了降低能源成本和减少水资源浪费的制造技术。

几十年来，通用电气一直是世界上最受尊敬的公司和最佳工作场所之一。但是，直到推出"绿色创想"之后，它才在社会责任方面获得了认可。该公司还担任企业公民行动的领导者。通用电气官网的"供应商期望"板块[10]规范了它与供应商的所有方面，特别是针对禁止贩卖人口、强迫劳动、监狱劳工和契约奴工的议题。在全球志愿者服务月，通用电气在世界范围内协调和解决那些急需帮助的工程项目。

"绿色创想"项目自2005年推出以来，产生的收入超过了2 000亿美元。它成为通用电气从一个庞大的企业集团转变为"数字工业"公司新身份的领先战略。自"绿色创想"推出以来，通用电气出售了大部分房地产、银行、保险、金融服务、媒体和娱乐业务。与此同时，该公司增加了对风力发电和节能照明的投资。

然而，在2017年，通用电气遭受了巨大的财富困境。近年来，作为通用电气最大的业务板块之一，电力部门对火力发电厂使用的涡轮机与发电机进行了大量投资。由于可再生风能和太阳能发电的竞争，这些工厂的建设速度急剧减缓。现在回想起来，通用电气公司当时对"绿色创想"的设计不够长远。随着公司股价在2017年下挫40%，通用电气进入转型模式。就在通用电气持续削减其他利润较低部门的时候，它仍以16亿美元的价格收购了丹麦的风力发电机叶片制造商，以寻求扩大其可再生能源部门。

在通用电气的企业社会责任门户网站上，有一份简洁的声明："通用电气的业务基本上是关于人——我们的员工、我们的客户、我们的投资者以及我们的生活和经营活力所在社群的成员。"[11] 大多数具有强烈企业社会责任感的公司共有的利益相关者阵容，像是一个具有同心环的靶子：靶心是通用电气的员工；在靶心之外的内环，是通用电气的客户和投资者；靶子的外环是通用电气经营活动所在地更广泛的社群，包括全球的相关产业、员工所在地和市场。

几十年来，通用电气公司一直与家用电器业务密切相关。因此，美的集团作为家电制造商，经过50年的努力成为价值430亿美元的财富世界500强公司以后，许多人把美的集团称作"中国的通用电气"。美的与通用电气有很多相似之处，它们都了解企业社会责任的聚集力量。

多年来，大多数中国人都对空气污染及其对健康的危害有切身体会。政府试图通过公共教育计划和行政监管解决这个问题。为了支持这项国家行动，在中产阶层消费者快速增长的背景下，企业也在持续发力。美的集团围绕其产品和服务，五年内在研发上投入近30亿美元并推动相当规模的公众参与，其中就有一项名为"星空计划"（Starry Sky Plan）的涉及其空调产品的标志性行动。

"星空计划"是结合了最佳的产品设计和规范的消费者行为的实践活动。夏天，大家为了防暑会开空调，但传统空调一直都有"电老虎"之称，它们的耗电量往往占整个电网全部用电量的四成甚至更多。为了应对这一趋势，美的推出了新一代环保型节能空调，大大减少了相关能源使用造成的碳排放。

为了推广美的产品并培养客户关于空调制冷的经济和环境成本意识，美的推出了创新的营销活动"星空计划"。该计划的目标受众是众多拥有自己家庭的"85后"消费者。这群消费者是中国社会的中坚力量。这个消费群体都是具有一定社会责任意识和主见的受众。他们想形成自己的观点，而不太接受单纯的说教式宣传。这意味着花费大量资金投放广告的传统做法无法引起他们的共鸣。"星空计划"改变了传统的广告购买行为，从消费的意义和传播的互动性上进行创新，并利用社交媒体互动来提高对相关议题（如可持续发展）和可替代品（包括美的空调）的认识。

与其坐等其他家电制造商进行创新或解决空气污染等问题，美的集团选择了通过不断创新让消费者和更广泛的社会群体投身环保生活。通过为更多家庭带来更多节能产品，美的帮助解决那些比守住底线更为重大的问题，其客户和社群也因此更加青睐它的产品和服务。

企业社会责任的靶心

你可以从靶心开始向外移动，参照以下顺序考虑你的企业社会责任目标：你的员工、你的客户和你所处的世界。你可以把公司的企业社会责任目标瞄准所有的三个领域，因为在其中一个领域的成功可以为其他领域带来成倍的收益。积极参与企业社会责任的活跃分子，更能以热情和诚信的态度参与并支持面向客户的企业社会责任营销。可持续的产品和业务实践能进一步地激励员工。当公司的首席执行官和其他高管在社群与行业中担任企业社会责任的领导者时，他们会激发客户和所有利益相关者对公司的信任。如图3-1所示，企业社会责任靶子是一个综合模型，在所有三个目标领域的努力都有可能改变和提升整个公司的文化。

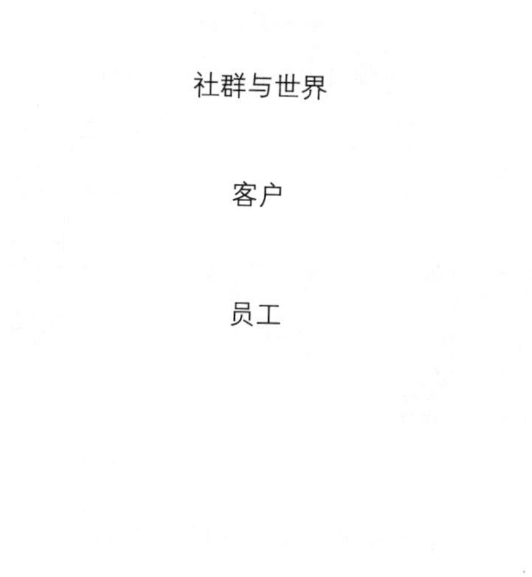

社群与世界

客户

员工

图3-1　企业社会责任和一般商业活动的受众靶心

员工——靶心

一些调查显示，员工们正期望公司主导企业社会责任活动。特别是在年轻员工中，有一种观点认为企业社会责任是雇主应该提供的，这和福利方案中的其他事项是一样的。公司志愿服务日和其他企业社会责任活动正变得日益重要，因为它们可以帮助忙碌的员工满足其回馈社群以及与同事保持连接的需求。

如果开明的雇主们愿意在公司文化中建立企业社会责任，这一进步对他们自身而言也将是巨大的机遇。员工在更伟大的事业中绑定他们的共同利益。企业社会责任使他们有机会培养出能淡化企业层级制度的跨部门关系。它也有利于团队建设，能培养共同的目标感和提高整体士气。如果企业社会责任能最大限度地发挥作用，那么它就可以让员工对自己、同事和雇主有更好的感觉。

志愿者服务和慈善活动是员工参与企业社会责任的基本内容。无论是志愿服务日还是户外慈善募捐活动，成功的企业社会责任活动都有以下四个基本特征。

- 在时间、成本和准备工作方面的参与门槛较低。
- 有大型社交活动，如在慈善步行结束时举办野餐会或聚会。
- 有各种形式的纪念品，如文化衫、奖牌或团队照片。
- 能看到高管人员的参与。

当你的目标是聚集和连接时，你可以找到许多参与现有企业社会责任活动的机会。如前所述，摩根大通企业挑战赛是每年一度在全球主要城市举办的5K筹款赛事（五公里慈善跑），任何规模的公司都可以参与这样的一站式企业社会责任项目。

无论这些活动的想法来自哪里，你最好能在网络上的工作论坛中对它们加以测试。在职场中，从那些最了解你的品牌的人那里征求反馈意见是尤为明智的。

在招募任何企业社会责任活动的参与者时，你都可将其视为一个把企业社会责任社群扩展到员工以外的机会，比如考虑贵公司的前员工、现有的技术合作伙伴、供应商、主要客户、民选官员办公室以及贵公司的其他朋友。在佳士得，我们通过"艺术+灵魂"项目召集了数百名前员工参与企业社会责任工作。我们因此受益，在领英上免费地开发了前员工网络。我们甚至还邀请了纽约市文化专员和市议会议员参与该项目。我只是参照另一个令人尊敬的大公司——高盛的模式使用领英并以此作为我们达到目的的手段。

社交媒体是与组织建立这些联系的理想方式，企业社会责任在其中作为集结点。就以我们的前员工而言，我们小心翼翼地不用连续的信息去轰炸他们。所以，当我们与其分享这些信息时，他们通常很感激"艺术+灵魂"项目所做的好事。

在你所做的一切事情中，使用脸书、照片墙和微信等社交媒体平台对你在企业社会责任活动中的成功至关重要。随着千禧一代和年轻数字原住民的数量越来越多并在职场上渐渐占据主导地位，通过他们喜欢的联系方式来开展你的沟通活动变得越来越重要。

在中国，溢达（Esquel）公司有数百名员工每年都在农村地区的健康项目中做志愿者。透过社交媒体，"他们不仅传递了积极的反馈意见，也更有动力去捐款并把时间用于志愿服务。"溢达公司副董事长兼首席执行官车克焘（John Cheh）说。溢达在新疆农村开展了一个视力健康项目，在社交媒体宣传了这一活动之后，他表示："我们看到越来越多的员工自愿参与该项目，并组织捐款购买眼镜。"

让员工参与企业社会责任的关键在于强调这一过程的社群营造功能。员工希望他们是为了更大的共同利益而协力工作，并且在这个过程中拥有发言权。

在这些方面，微志愿服务（micro-volunteering）是一种趋势。它通过应用程序和网络平台为职场上的志愿者提供了在短时间内参与企业社会责任的方法。虽然这并不适合所有人，也缺乏社交成分，但对于远程工作人员和勤奋的年轻员工来说，这种方式可能具有一定的吸引力。

微志愿服务的潜在活动范围广阔，从签署在线请愿书到众包文学翻译作品的校对。像Skills for Change这样的公司提供了商业平台——一个让你的员工组成团队共同前进的一站式解决方案。通过与YourCause.com合作，尼尔森（Nielsen）公司与世界各地的员工一起解决了完成年度"全球关怀日"（Global Impact Day）的挑战。这些计划的一大好处是它们能够跟踪大家的参与度，并设定体现增长情况的基础数据。

在佳士得，我们曾经使用过类似服务，该服务叫志愿者匹配（VolunteerMatch）。我们尽管取得了一些成功，但最终得出的结论是，这项服务在我们的员工和此举所产生的影响之间增加了一个不必要的组织层级。我们完全可以开启自己预先设计的志愿服务机会——这些机会虽然数量相对较少，但能产生更大、更有意义的最终影响。对于许多公司而言，志愿者匹配是一种快速启动和运行的绝佳方式。你可以长期坚持使用下去；也可以像佳士得一样，把它作为拐棍之类的辅助工具——学会行走以后就可以将其扔掉。

顾问机构WeSpire在2015年的员工调查《员工敬业度的演变》（The Evolution of Employee Engagement）中研究了影响员工参与跨组织活动的直接和间接因素，其中包括经理的角色、公司透明度、员工选择和协作。[12]报告显示，只有27%的组织有正式的员工敬业激励政策。同时，76%的30岁以下员工（千禧一代的年轻成员）希望看到他们的雇主在激励员工敬业方面做得更多。

很明显，现在是企业社会责任发生结构性巨变的时候了。咨询巨头普华永道（PWC）称，高达90%的近期毕业生（早期的千禧一代，即Z世代）表示他们寻求的雇主在社会责任的优先级上需要与自己的期望相匹配。[13]这些年轻员工的指尖上拥有整个信息世界，乐于在线分享并希望自己捐赠的时间和金钱的用途能够透明化。现实中，我们看到 Z 世代对佛罗里达州帕克兰的学校枪击事件的强烈回应。除了为学生们提供平台和筹款活动外，Z 世代还获得了达美航空（Delta）、美联航（United）和赫兹（Hertz）等企业和一些保险公司的大力支持。一些人力资源工作者已经习惯于闭门造车，他们也许是在假设没有人关心这些好的议题。这样的日子即将结束。

你预设的定位应以社群理念——培养它、投资它并为它庆祝——为中心。原因在于社群理念对于维护社会底线有着相当重要的意义，而且随着响应帕克兰枪击案的 #NeverAgain 运动的企业越来越多，不参与其中的风险越来越大。

在商业领域中，员工敬业度计划、企业社会责任和可持续发展比以往任何时候都更加重要。这些领域不仅将继续区分领导者和追随者，也可能是一家企业生存的关键。这为可持续性概念提供了更广泛和更有意义的定义。普华永道的报告预测，在"绿色世界的人员管理模式"中，企业社会责任和人力资源融合在一起，"人力资源管理部门被迫将可持续性作为员工敬业度和人才管理议程的一部分"。

从管理的角度来看，企业社会责任有利于运营、效率、底线和专业发展。打造一个能将客户、员工和社群成员团结在更高的目标之下的平台是一项很好的业务。这样的平台还有助于打破组织的各种"谷仓"，识别后起之秀，在预算和晋升机会有限的情况下考虑业绩增长的可能，以及给企业的品牌形象加分。

　　为了给企业社会责任工作奠定坚实的基础，许多公司将其有意义的业务活动与自己的核心竞争力联系起来。这使它们能够突出自己对社会的影响，同时展示它们在现实世界中的专业价值。

　　举个例子，微软的企业社会责任强调，技术是改善人们生活的强大力量。由于世界上大约一半的人无法获得技术带来的好处和机会，因此该公司的114 000名员工致力于在全球范围内开展更多工作，将技术优势带给最需要技术的人和组织。他们与全球的微软受助方、合作伙伴和员工一起"为地球上的每一个人和每一个组织赋能，让他们成就更多"。因此，几十年来，微软一直是最受欢迎的雇主之一。

　　与此类似，全球制造商3M与知名科普品牌探索教育（Discovery Education）合作打造"青年科学家挑战赛"（Young Scientist Challenge）。这是一项导师指导计划，旨在识别有才华的年轻人并让他们有机会与各专业领域的科学家合作，从而共同创造实际解决方案以应对重大的社会挑战。

　　这种有远见的企业社会责任实践将重点放在培养新员工、招聘和规划未来的人力资源方面。它建立在公司的核心优势之上，除了提供财务支持，还利用包括人才、设施、知识和网络在内的非现金资源。最终，它以声明性的和透明的方式实现了更崇高的目标。对于提高公司的声誉以及在员工和其他利益相关者中实现理想的提升效果而言，内部和外部的晋升机会非常重要。

客户——靶心的中环

客户与员工没有什么不同，他们都喜欢那些让他们在互动中感觉良好的公司。客户希望以对社会负责的方式花钱，而且，当你的公司的传播能有效地传递有关所售产品的企业社会责任信息时，你的公司与客户产生的情感联系往往会带来品牌忠诚度。

有许多不同形式的企业社会责任营销机会。随着品牌不断迭代，企业社会责任可以在消费者和品牌之间建立持久的关联，这是因为消费行为不仅仅是简单的交易，还关乎信念。

通过企业社会责任促进营销，就好比在马斯洛需求层次中把客户往上移动。所有年龄段的客户都希望在社群和世界中确定他们的使命与位置。他们寻求与那些同自己的价值观相投的品牌建立关系。因此，每个企业都需要问问自己："我们的活动对他人、社群、职场、客户和世界的影响是什么？"那些能够提供令人满意的答案的公司，在竞争中方能胜人一筹，赢得那些受企业社会责任驱动的美元、欧元和人民币等主要货币资本。

美国房产经纪商科威国际不动产（Coldwell Banker）提供了一个简单的例子，说明企业社会责任如何成为一种营销工具。[14] 2017年，该公司与动物权益维护组织Adopt-a-Pet.com合作推出了一则广告，宣传其"为狗狗找一个家"项目，帮助20 000多只狗找到了收养家庭。这个项目如此宣传："因为每个人都值得拥有一个充满爱的家园。"在过去，科威国际不动产公司可能会有一个类似的温馨广告帮助流浪狗寻找新家，但公司并不会参与这个议题，也不会为无家可归的狗做出实际的改变。如今的客户已经能辨别出这些空洞的广告说辞，他们更想知道你是如何取得积极成果的。

调查猴子是一家美国在线调查服务商，它创建了一个名为Audience的独立服务，作为将其专业知识扩展到全国各种议题的一种方式。调查猴子不向调查对象（其正常商业模式）提供现金和奖品，而是通过Audience平台将每项已完成调查的收入中的50美分捐赠给调查对象选择的慈善机构。仅在2013年，该公司就向人道协会（Humane Society）、美国男孩女孩俱乐部（Boys & Girls Club of America）、为美国而教（Teach for America）等机构捐赠了100多万美元。[15]在这种情况下，企业社会责任活动的"回馈"确实传达并验证了调查猴子对企业社会责任的信念，同时也强调了其业务能力——对公司和它所支持的议题来说是双赢。

对于销售B2B（企业间交易）产品的公司来说，企业社会责任为营销人员提供了一个机会，使它们的客户成为其可持续发展故事中的英雄。思爱普旗下的SAP Ariba公司有一个Procure with Purpose项目，该项目旨在帮助世界各地的企业识别供应链中的风险，涵盖从不公平的劳动条件到不可持续的环境因素等多个议题。SAP Ariba承诺："通过清楚了解这些风险，你可以改善你的企业及其相关的每个组织与社群对社会、经济和环境的影响。"

"我们的客户处于默默无闻的职位，例如财务部门或供应链管理部门的负责人。"思爱普公司企业社会责任传播负责人詹妮弗·比森说，"现在，我们正在为他们提供工具和战略指导，以便他们在这些问题上发挥重要作用。我们将他们带到会场的大舞台上，他们讲述了令人心碎的故事，分享了他们成为道德采购的先驱的领导能力和勇气。"在SAP Ariba的一份营销材料中，一个客户的采购负责人说："当我的孩子问我'你今天做了什么'时，我不想回答说我省了一大笔钱，而想告诉他我挽救了一些生命。"

以营销为导向的企业社会责任存在一些重大的缺陷，包括笨拙的消息传递、产品噱头以及公司形象与所涉议题的不匹配。最大的危害是获得"漂绿"的名声。漂绿与"漂白"相似，是一种掩盖令人尴尬的真相的方法，只不过漂绿是使用环保相关议题来做到这一点。

"漂绿"一词是在20世纪80年代被创造出来的，当时的美国能源公司雪佛龙（Chevron）自豪地推广其环境计划，但其中许多内容都是属于法律明确要求履行的义务。该公司还利用奢侈的广告活动来宣传其对蝴蝶保护区的支持。有一位环保主义者指出，雪佛龙虽然每年为蝴蝶保护活动支出5 000美元，但是花费了数百万美元来制作和播放推广该活动的广告。大约在同一时间，化学公司杜邦（DuPont）播放了一则广告，其中有海洋动物用脚蹼演奏贝多芬的作品《欢乐颂》。但是，一份名为《停下掌声》（Hold the Applause）的报告指出，杜邦公司是美国最大的污染企业。[16]

在20世纪80年代，像《停下掌声》这样的报告难以得到公开传播，且就其影响力而言，它们与杜邦投入巨资打造的广告差之甚远。而在今天，这类报告中的事实将在几秒钟内传遍全世界。这个世界不再是企业"漂绿"的庇护所。如果你只是假装关心与你相关的或者对你的客户来说重要的议题，就极有可能做出错误的选择。这可能会让你的公司受到嘲笑，而且会损害公司的声誉。

真实性和对差异化的关注需要成为你企业文化的一部分，最好是在你销售的产品和服务中也能找到相同的品质。企业社会责任导向的营销活动，只有围绕那些自身拥有基本的企业社会责任要素的产品或服务实施时才具有极强的说服力。

举个例子，星巴克是第一家推出"自由贸易"咖啡豆概念的主要咖啡服务商，这一概念是指采购与生产咖啡豆的过程符合道德准则且认真负责。当它们培育消费者并激发产品忠诚度时，这种尝试会取得成功，不过，它们做这一切时的姿态是谦逊的，而不是势利、自认高人一等或屈尊俯就的。愿意为可持续性产品和材料支付额外费用的消费者，往往会对吹嘘或自称特殊的品牌感到反感。你如果恰好是你所在行业或类别中唯一可持续采购产品的制造商，就不适合进行大肆宣传。负责任的做法是与你的竞争对手一起合作，并说服他们参与可持续的行动，从而使整个产业变得更好。

最近，星巴克再次使用了这种合作方式。它通过加入企业和非营利组织的联盟，计划在2020年之前彻底不再使用塑料吸管。[17]其首席执行官凯文·约翰逊（Kevin Johnson）指出，该决定是为了响应来自员工和顾客的呼声。通过减少其门店每年消耗的数以十亿计的塑料吸管，星巴克对抗塑料有害物污染的努力将引发连锁反应。

帮助制定行业内的新行为标准可以产生变革性的结果，这是奢侈品供应商开云集团在2018年发布"开云标准"（Kering Standards）——一套针对时装业制造工艺与原材料的环境和社会标准——的意图。开云集团在发现奢侈品行业没有现成标准和法规后，与专家及非营利组织合作，拟订了一套自己的可持续发展标准并希望同行也采用这些标准。

"我们正在重新设计我们的业务，以便继续蓬勃发展并在未来实现可持续发展。"开云集团首席执行官弗朗索瓦–亨利·皮诺说，"此举还可以帮助改造奢侈品行业，并为应对我们面临的当代重大社会和环境挑战做出贡献。"

开云集团在意大利诺瓦拉建立了材料创新实验室。该实验室从南美巴塔哥尼亚地区采购符合可持续发展要求的羊毛，并与一家名为 Worn Again 的初创公司合作开发聚酯的回收方法。该实验室拥有一个由 3 000 多种认证面料组成的综合图书馆。这些面料根据可持续性和实验室自己的可持续性评估工具进行排名。

"在开云集团，我们的目标是到2025年将整个供应链的环境足迹减少40%。创新是实现这一目标的关键。"开云集团首席可持续发展官兼国际机构事务主管玛丽·克莱尔·达维说，"我们意识到这点是因为我们处于奢侈品行业之中，而奢侈品引领潮流。我们肩负了特别的责任来展示行动的方式、成为一个榜样并确保这些新趋势中确实包含了可持续性。"

这是具有社会意识的消费者希望从他们的消费对象处获得的精神。可持续发展企业的客户希望它们能够赢利。他们希望从长远来看，可持续发展是明智之举，并且能培养良好的商业意识。

商业领袖们注意到，今天的富裕消费者并不总是喜欢他们被给予的选择。2018年，达能（Danone）首席执行官伊曼纽尔·费伯（Emmanuel Faber）对《经济学人》（The Economist）表示："人们正离开他们已经消费了几十年的品牌。"达能推出了一个新的愿景声明，标题为《达能：同一个星球，同一种健康》。这个愿景呼吁一种新的可持续粮食生产模式，强调本地采购的重要性。该声明称："我们相信健康的身体需要健康的食物，而健康的食物需要一个健康的星球。"[18]

近年来，已有大量的创业公司把企业社会责任作为主要的产品特征。这些以社会目的为导向的公司发明了慈善品牌的概念。汤姆斯（Toms）布鞋的创始人就是在秘鲁旅行期间受到启发而创办了这家公司。他在那里看到了很多因家庭困难而买不起鞋穿的孩子。汤姆斯布鞋采用了别出心裁的营销手段：对于消费者购买的每一双鞋，他们将通过秘鲁的慈善机构为当地的孩子再提供一双布鞋。汤姆斯布鞋公司是众所周知的企业社会责任先驱之一。在短短三年内，通过成为一个"以社会目的为导向的品牌"，它的收益从900万美元增加到2 100万美元，使人们能够通过简单的购买方式回馈他人。这种"买一捐一"的概念催生了无数的模仿者，将产品的营销直接与消费者的选择联系在一起。

在非洲、亚洲和拉丁美洲，进口产品现在作为经济发展项目而加以开发和销售。化妆品公司走出非洲（Out of Africa）不仅仅采购高品质的乳木果油护肤品，还帮助改善西非妇女和儿童的生活质量。走出非洲公司的一部分收益捐赠给为儿童提供教育和医疗服务的组织，并定期捐赠给在西非创造就业机会的妇女合作社。

以社会目的为导向的公司已经存在很长时间了。25年来，家庭及个人护理品牌第七世代（Seventh Generation）一直在生产安全且有效的家用植物产品。因此，该品牌强调"培育未来七代人的健康"。第七世代的员工相信他们的产品是客户家中关于空气、地面、织物、宠物和人员的健康解决方案——对于社群及其外在的环境亦然。作为企业责任的先驱，第七世代希望它的产品能够发挥作用——从研发到生产、购买、使用和弃置。直到今天，该公司仍在不断评估如何减少对环境的影响，提高产品性能和安全性并创建更加可持续的供应链。

在某些规模较小的初创企业，如线上手工艺品网站Etsy——源于一个具有强烈共同利益和价值观的在线社群，变革性的企业社会责任几乎难见踪影。从消费者的角度来看，企业社会责任与企业本身几乎没有区别，融为一体。无论公司被置于企业社会责任这种"可见光谱"的什么位置，最好的公司都有一些共同特征：企业社会责任使命和行动的真实性；围绕企业社会责任，与客户和更大社群进行持续的对话；以及承诺致力于不断地创新和实验，以实现企业社会责任使命。

对于第七世代来说，以上这三点都是符合的。虽然该公司只占据了庞大的消费品行业的一小部分市场份额，但它仍然被联合利华在2016年以约7亿美元的价格收购——几乎是其年销售额的3倍。这是大型消费品集团购买社会使命驱动品牌，而非试图与它们进行竞争的众多案例之一。通常，被收购的品牌会淡化与其母公司的关系。它们往往作为独立的全资子公司运营，以便保持与客户的良好关系。

美则公司是第七世代的竞争者，也是另一个以社会目的为导向的家用产品制造商。美则采用了严格的可持续性生产标准。该公司近年来已经被收购两次了：它首先是被欧洲巨头宜珂（Ecover）于2012年收购；然后，宜珂在2017年被美国的全球家用清洁和化学消费品制造商庄臣（SC Johnson）收购。然而，在庄臣的网站上，美则和宜珂并没有与庄臣"家族"的传统品牌一同出现，庄臣的传统品牌包括Windex（玻璃及多功能清洁液）、Drano（管道疏通剂）和Raid（雷达昆虫喷雾）。

联合利华对第七世代的安排与之类似，它也将第七世代作为独立的品牌单位，并允许母公司和子公司相互学习。这也是联合利华对其购买的另一家具有社会责任感的公司——班杰利冰激凌（Ben & Jerry's Ice Cream）的态度。在2000年被联合利华接管后，为了募集资金或类似事务，班杰利冰激凌继续实施以员工为主导的企业慈善事业，并向一些社团提供慷慨的产品捐赠。当联合利华在公司层面建立经过考验的目标导向绩效管理系统时，班杰利的经理们为联合利华的系统增加了新的维度——维持公司社会使命的绩效评估。

通过让被收购的社会使命驱动品牌独立运营，母公司与子公司都可以发展和成长。只要第七世代、班杰利冰激凌和美则等可持续发展的公司继续提供三个关键的面向客户的要素——真实性、对话和企业社会责任创新，它们的母公司所有者对于喜爱它们的客户而言或多或少是隐形的。

社群和世界——靶心的外环

当公司通过慈善协会和其他类型的联盟与更大的社群接触时，它们向员工和客户发出了最强烈的信号，即企业社会责任的承诺直接来自公司顶层。参与本地、行业、国家乃至国际层面的企业社会责任工作可以提高公司在客户中的声誉，并使员工感到其工作有更大的意义，他们的公司确实在致力于推动变革。

"我们认为，定期审视利益相关方的识别过程非常重要。"纺织品制造商溢达集团副董事长兼首席执行官车克焘说道，"这关系到具有共同价值观并创造协同效应的关系的建立。"溢达的广泛利益相关方包括公平劳工协会（Fair Labor Association）、可持续服装联盟（Sustainable Apparel Coalition）以及与它们合作的所有供应商、社群和监管机构。

对于任何企业而言，参与更大社群的企业社会责任活动的简便易行的方式之一，就是借助现有的联盟和组织——其建立的目的就是解决特定议题，例如贫困、退伍军人事务或金融知识。

你如果刚刚涉足企业社会责任工作或需要采取一些小的行动并逐步建立支持网络，请考虑加入这样的联盟。与共享企业社会责任利益的相关方合作会卓有成效，并能使你进入一个具有创意且以解决方案为导向的朋辈网络。为了说明这个观点，以下是我个人经历的三个组织的例子。

- 罗宾汉基金会（Robin Hood Foundation）将投资原则与慈善事业相结合，以协助纽约市的扶贫脱困计划。该基金会由对冲基金经理保罗·都铎·琼斯（Paul Tudor Jones）于1988年创立，其董事会成员包括杰弗里·伊梅尔特、黛安娜·索耶、彼得·鲍里什、玛丽-何塞·科拉维斯、高盛公司的劳埃德·布兰克费恩、前雷曼兄弟公司的理查德·福尔德，以及高桥资本（Highbridge Capital）公司的格伦·杜宾、玛丽安·赖特·埃德尔曼和著名女演员格温妮丝·帕特洛。

- 退伍军人就业使命（Veteran Jobs Mission）致力于促进美国退伍军人的就业和职业发展。它是一个由摩根大通与超过235家公司于2011年共同创办的联盟。该联盟的成员企业承诺，将共同雇用100万名退伍军人。

- 经济教育学会（Council for Economic Education）是美国领先的非营利组织，致力于促进学生从幼儿园到高中的金融教育。该机构已有70多年的历史，由福特、富国银行（Wells Fargo）和普华永道等公司领头支持。每年，经济教育学会都会培训大约55 000名教师，而这些教师会为全国约500万名学生提供教育。

联合国全球契约（UN Global Compact）是最广泛、最具包容性的全球企业社会责任联盟。超过 170 个国家的 13 000 多家组织的首席执行官通过这个契约组织参与联合国倡议，其中包括联合利华的保罗·波尔曼（Paul Polman）、维珍（Virgin）的理查德·布兰森（Richard Branson）、开云集团的弗朗索瓦−亨利·皮诺和辛特尔（Syntel）的莫·易卜拉欣（Mo Ibrahim）等有远见的领导人。所有 13 000 多家成员组织的首席执行官及其员工都签署了原则导向的业务准则，这些业务准则在推动企业发展的同时，力求在 2030 年以前实现联合国的 17 个可持续发展目标。[19]

我们在此为初学者或中途加入的企业社会责任从业者提供了一个相当简单的一站式解决方案，借此可以让他们的公司仅凭一个初始签名参与潜在的变革性企业社会责任计划。令人惊讶的是，世界上有那么多善意、资源、知识和人才已经专注于解决我们最大的社会和世界挑战。这一切都可以是你的选择之一。

在企业社会责任方面，首席执行官已成为全球进程中最关键的参与者。如果公司的首席执行官积极参与企业社会责任活动，无论活动规模多小，员工都更有可能追随其领导。

赛富时的首席执行官马克·贝尼奥夫（Marc Benioff）以他所谓的 1-1-1 慈善模式的简单理念创立了这家专业的客户关系管理

软件服务提供商。该公司将其1%的股权、1%的员工时间和1%的产品用于非营利性工作。他说："作为首席执行官，我需要拥抱所有的利益相关方，而不仅仅是我所有的股东。我想要做的是最大化利益相关方的价值。我公司的目标是做得好和做好事。对我来说最重要的事情是让所有利益相关方与我们站在一起。"

1-1-1这个简单的想法演变成了一个名为"承诺1%"的项目。成千上万个参与其中的公司签署了高度类似的全面承诺。贝尼奥夫是新一代的激进主义首席执行官之一，他们愿意在那些反映其员工、客户和其他利益相关方价值观的议题上发声。这些来自谷歌、苹果、贝宝（PayPal）和特斯拉等公司的新时代首席执行官并非纯粹关注股东，而是关注所有主要利益相关方。现在，员工、监管机构、媒体、民选官员、非政府组织和其他有影响力的人员都进入了首席执行官的战略视野和信息接收对象。

2014年，印第安纳州通过了一项允许区别对待非异性恋人士的新法律。赛富时公司的贝尼奥夫是第一个代表大企业站出来并对此立法行为发声的首席执行官。该公司取消了印第安纳州的所有推广活动，并停止了在该州的扩张计划。赛富时公司是印第安纳州最大的科技业雇主，因此立法机构和许多领域都能感受到这种影响。《印第安纳波利斯之星》（*Indianapolis Star*）刊登了一篇社论，其标题是《马上解决此事》。随后，该州通过了一项保护非异性恋者权利的补充法案。

贝尼奥夫相信这种激进主义思想能够使他的公司更为强大。"正如我们已经做到的那样,"他说,"我们的员工获得了更高的满意度和满足感,因为他们知道自己在为支持这一主张的公司工作。"赛富时作为历史上发展最快的软件公司之一,仍然是一家能持续获得高利润的企业。

2015年春,北卡罗来纳州发生了一起关于各行业和众多公司携手行动进而产生令人欣喜的结果的重大事件。这件事显示了当每个人齐心协力时,企业社会责任能释放的真正力量。

2015年3月23日,该州州长帕特·麦克罗里(Pat McCrory)签署了一份名为《HB142》或《洗手间法案》的有争议的针对非异性恋者的法案并在该州实施。该法案主要指导跨性别公民可以使用哪些洗手间。对性别平等和包容有强烈企业社会责任承诺的企业、大学、政府官员和知名新闻人坚决反对这项法案;也有许多团体和个人——保守派或宗教团体通常对此表示赞成。通过对全州范围内受保护公民的类型进行重新定义,新法案部分解除了对非异性恋人群的法律保护。

来自大型公司的100多位高管,包括夏洛特市(Charlotte)的主要雇主(如美国银行)签署了反对"反非异性恋"立法的书信,NBA(美国篮球职业联盟)也反对这项法案。行业领先企业都出来抗议,包括福克斯、凯悦、英格索兰、美国航空、美国银行、NBA、优兔、谷歌、辉瑞、思科和IBM等(见图3-2)。[20]

图3-2　北卡罗来纳州各行业发布广告抗议《洗手间法案》

2016年选举周期中国会议席的变化，导致美国两党在2017年3月达成妥协，推翻了《众议院第2号议案》中最广为人知的条款——要求跨性别者在公共建筑中根据出生证明上的性别使用对应性别的洗手间。

印第安纳州和北卡罗来纳州的歧视性法律等突发事件的出现，为特朗普总统宣布美国政府退出《巴黎气候协定》(Paris Climate Agreement)奠定了基础。该协定于2015年签署，旨在于全球平均气温达到科学家认为会给地球带来灾难性的和不可逆转的影响之前遏制气候变化。

无论美国政府计划做什么，数百家公司、80位大学校长、30个城市和少数几个州宣布他们将继续遵守《巴黎气候协定》。亿万

富翁迈克尔·布隆伯格（Michael Bloomberg）领导该团体，并正
在与联合国制订计划，使企业承诺遵守《巴黎气候协定》规定的
温室气体排放限制。谷歌、惠普和玛氏（Mars）等公司的企业社
会责任领导者正在加紧应对重大的全球挑战。而且，它们的员工
和客户正站在其身后提供动力和支持。

　　这表明在全球可持续性的舞台上，被视为真正参与者的公司
（以及地方政府）可能正在弱化民族国家的作用。这种情况正在
发生，对企业来说这是它们应该去做的，但更重要的是因为其员
工和客户对这个星球未来的发展有所期待。

第四章

迭 代

如果一开始你没有成功，说明你正处于平均水平。

——M. H. 奥尔德森（M. H. Alderson）

尝试并没有坏处，对于生活中的大多数事情来说都是如此，在像企业社会责任这样快速发展的领域更是如此。

在我们刚刚计划在佳士得举办2010年绿色拍卖大会的时候，我记得当时读到了一篇精彩的文章。这篇文章讲述了奥巴马如何为白宫艺术品收藏增加更多不同的艺术家和流派。这个故事启发了我：我们恰好刚开始拟订绿色拍卖大会的赞助人和支持者名单。如果奥巴马在那份名单上，这难道不是前所未有的事情吗？事实是白宫的任何人参与拍卖会都能为这件事情添彩。

我给宾夕法尼亚大道1600号（白宫所在地）打了一个推销电话，这通不速电话被接进了德西蕾·罗杰斯（Desiree Rogers）的办公室。德西蕾·罗杰斯后来成为第一个出任白宫社交秘书的非裔美国人。我跟进了一份留言，邀请奥巴马夫人随时到访佳士得，并请她考虑成为我们首届绿色拍卖会的荣誉主持人。我把我读到的那篇文章作为留言的引子，并提及奥巴马表示有兴趣扩大白宫的收藏品种类。

在接下来的六个月里，双方便通过一系列的电子邮件进行沟通。白宫从未说过是，但更重要的是也没说不。第一夫人参与的可能性确实让我们的组委会感到鼓舞和兴奋，这提醒大家我们正在做一件很有意义的事情。我们在与潜在的顾客和支持者沟通时，并不羞于告诉他们美国第一夫人正在考虑参与我们的绿色拍卖。

当我们的邀请最终被白宫拒绝时，我们自然感到很失望，尽管大家也知道这是一个漫长而曲折的过程。虽然罗杰斯女士不久后离开了白宫，但我们继续与社交秘书办公室的工作人员保持着开放的沟通。我给他们寄了一套伊丽莎白泰勒收藏（Elizabeth Taylor Collection）目录，这些目录很可能存放在某处的档案中。最终，我们通过总统志愿者服务奖为佳士得赢得了认可。[21]

将自己投入这种努力中是有魔力的，即使成功的概率非常微小，也极其难以预料。正如我的许多企业社会责任同事听到我经常说的那样："势头就是我们的朋友。"我真的相信这一点。一个简单的事实是，许多成功在产生预期结果之前需要尝试两到三次。我无数次地遇到诸多诱使我放弃某特定项目的困难和挫折，这种情况下我唯有再次尝试并取得成功。只管继续前进吧。

在许多这种情况下，我们早期的失望被证明是我们最终成功的绝对必要条件。我们在早期就学到了宝贵的经验教训，是它们改进了我们随后的尝试并帮助获得最终的成功。一旦你体验到失望对于有效重新迭代是至关重要的，你就会感到失望而不会感到太沮丧。即使在最黑暗的时刻，我们也要将每个"不"解读为"可能"。

所以，问题不在于是否再试一次——我们期望再次尝试（甚至更多次），而是如何重新尝试，如何重新思考，如何重新调整或采取新的路径。在你第一次尝试的方方面面，你不仅应该期待挫折，而且要欢迎它们。挫折能告诉你究竟做得怎么样，以及你需要朝哪个方面前进。

通过这种方式，每项挑战都将带来进一步的创新和实验。在制订企业社会责任计划时，你会经历波折，偶尔也会有顿悟的"啊哈时刻"。那些拐点可以让你变得更加强大并进入更有影响力的空间，而这又很可能会使你的项目更加重要并吸引更多员工。

没有工作场所是完美的

佳士得的"艺术+灵魂"项目的四大支柱是环境、慈善事业、志愿服务和思想领导力。出于各种原因，在我供职佳士得期间，环境被证明是四个支柱中最弱的。这令我感到羞愧，因为员工几乎一致希望我们的企业社会责任计划包含重要的环境内容。鉴于佳士得业务的性质，它们很难在环境方面取得即使是微小的进步。因此我们不得不从小事做起，做出渐进的谨慎努力。

我们首先与公司的拍卖场所和富有传奇色彩的伦敦同事贾尔斯·芒廷合作，测量我们在能源和水方面的消耗，以及我们的废弃物产量。我们不可能从一开始就与所有50个或更多办事处合作，因此我们专注于三个最大的销售地：纽约、伦敦和香港。

我们很快就了解到，在绿化工作空间时，我们有些束手束脚。这是因为佳士得的许多办公室都是租赁空间，要由房东来决定如何管理电、水、热力和废弃物处理。例如，在我们位于洛克菲勒中心的纽约办事处，佳士得对废物分类和回收的尝试受到了阻碍。建筑维护人员每天晚上只是将所有分类好的垃圾倾倒在同一个垃圾箱里。我们能想出的唯一解决方案是提高大家的意识，了解所有废弃物的去向。我们创建了一份调查报告，最终形成了一个信息图，描绘了我们的办公室废弃物到皇后区的分拣中心的旅程，其中95%的废弃物确实被回收利用了。

在伦敦，佳士得拥有能自主管理的拍卖场所，因此我们可以更大胆地采取行动。我们在各个部门进行了垃圾分类，并移走了所有工作桌下的垃圾篮，迫使员工将废弃物分类到更大的收集区域，从而让他们清楚自己每天产生的废弃物数量。我们小心翼翼地让员工为这个转变做好准备并提前通知大家，结果相当顺利。

我们还取消了聚苯乙烯泡沫塑料咖啡杯和一次性塑料水瓶。我们在它们的原位置放置了咖啡杯和优雅的玻璃水瓶，继续提供饮用咖啡和苏打水。我们还安装了带有过滤、冷热水和洗碗机装置的小型厨房，从此脏水杯不会堆积在水槽中。每一个杯子和玻璃水杯都印有佳士得的标志，因此我们在减少了塑料浪费的同时，也激发了我们对品牌的自豪感。总而言之，我们为这种方法感到自豪，尽管我们无法在非佳士得拥有的物业里复制这些做法。

与此同时，我们与公司的旅行社合作，追踪我们的航空里程，以帮助我们获得总碳足迹的基本数据。对于美国人所谓的销售或商务发展来说，"商业获取"（business getting）是一个优雅的英语措辞，而这对环境来说可能很残酷。在这个需要密集接触不同人员的服务行业中，飞往世界各地与潜在客户会面是绝对必要的。在拍卖业中，单个客户的艺术品可以卖出数千万美元。在佳士得的碳足迹中，数百万的年度航空里程对此的贡献位居前三名。

航空公司和大公司在测量碳足迹方面处于领先地位，它们会建立吸收二氧化碳的环境项目来"抵消"其影响。美国航空公司捷蓝（JetBlue）已与Carbonfund.org合作了近十年，并通过各种项目抵消了超过15亿磅的二氧化碳。举个例子，2013年火灾之后，双方合作的其中一个项目资助了在加利福尼亚州南部的加州国家森林公园，志愿者们种植了25 000棵树。

然而，碳补偿也有一些争议。我们怎么知道它们是有效的？我们是否在为无法避免的事情买单？我们如何知道几个客户是否反复多次为同一个项目付款？我们讨论了所有这些问题，研究了碳补偿解决方案的供应商并做出了我们的最佳选择。

2015年，我们团队总共达到940万英里的航空里程，对应需要负责约2 380吨的二氧化碳。我们为此在自己的企业社会责任项目预算之外填写了一张支票，以便我们的碳补偿提供商可以投资一个位于威斯康星州绿谷乳业（Green Valley Dairy）的池塘。然后，我们在年度企业社会责任报告中附上了这个池塘的照片，以便所有利益相关方都能看到我们是如何对气候变化的影响负责的。

我是否希望更大量地地减少佳士得的碳足迹并为此而努力？是的，我当然会继续这样做。虽然公司中有些人无疑希望我们能减少飞行次数，但事实上，面对面的会议对于公司的良性发展至关重要。我虽然也认为减少浪费很有必要，但"商业获取"就是商业的意义，而佳士得的业务往往需要大量的差旅。

真正的企业社会责任要求企业为了对社会负责而保持健康运营。也许随着新型客机变得更省油，我们可能会鼓励员工去选择使用这些新型飞机的航空公司，例如新加坡航空公司。我们已经看到卡车行业的发展趋势。由特斯拉（Tesla）和其他公司设计的零排放卡车吸引了百威啤酒制造商安海斯-布希（Anheuser Busch）、沃尔玛、百事和其他渴望减少碳足迹的公司的预订。尽管这些车辆无法仅凭自身的力量解决全球变暖危机，但它们可能被证明是取代数百万吨柴油燃料排放的重要步骤。

这就是通过环保事业的进步和创造新的亲环境商机来发展企业社会责任的例子。不久以后，一些公司可能会在企业社会责任政策中提及：它们只会与使用零排放卡车的物流供应方做生意。担心失去这些客户的卡车运输公司，可能会开始更换车队中的柴油卡车。所有这些影响让我们看到了已经发生的转变——远离碳基能源并拥抱清洁的可再生能源。

众所周知，企业社会责任正在成为也必然会成为一个鼓舞人心的领域，进而吸引人们参与。当你遇到偶尔的挫折和失望时，请记住风在我们的背后推动我们前进。我们在企业社会责任方面的工作就是不断地向前推进。尽我们所能，往各方向都尝试努力。通过在自己的公司内做出小小的成绩，我们就能为企业社会责任的发展做出不可预测的贡献。企业社会责任的变革正在进行中。

志愿服务的此起彼伏

如前面的章节所述，当今的员工希望自己就职的公司能够为他们提供参与志愿服务和其他慈善活动的机会。让这种愿望变为现实可能是一件耗时的工作，需要进行大量的反复试验和失败。在佳士得，志愿服务精神是我们真正的"本垒打"，但即使在这方面，我们也面临着逆境和一些艰难的选择。

志愿者休假（Volunteer Time Off）是表达公司对企业社会责任承诺的重要出发点。因此，我尝试去说服公司的首席执行官同意每年提供8小时的志愿者休假作为我们全职员工福利的一部分——每年8小时已经成为志愿者休假的可靠标准。世界上大约60%的大公司都提供志愿者休假福利，但美国雇主这方面的数据都低得多，只有约2%。[22]凭借事实和数据，我们能够快速确保志愿者休假成为员工福利——这是我们开展的企业社会责任的重大成就。

在志愿者休假福利得到落实之后，我们面临的挑战是鼓励员工实际使用休假并记录他们的志愿活动。我们推广"志愿者匹配"提供的在线工具，并尽最大努力传达方便且符合员工技能的志愿者机会。第一年，我们有大约25%的员工参与。从大多数指标来看，这个数字是成功的，但由于我是自己最刻薄的批评者，所以看到的更多是自身的不足。

一方面，我希望佳士得的高管人员能更多地参与进来。这将树立一个积极的榜样，并激发他们的直属员工有更高的参与度。另一方面，我们吸引的活跃志愿者表现出色，他们真正接受了我们组织内的新精神。到第二年，他们中的部分人已经在各种非营利组织承担了理事的角色。他们的活动增强了我们的团队精神，让员工有更多的理由感到佳士得是一个很好的工作场所。

一旦我们吸引了大约1/4的同事加入志愿者行列，我们就需要做更多的事情来让下一个1/4的人加入。如果你做得对，那么你就能提高企业社会责任的成就标准。金宝汤（Campbell's Soup）

公司的首席可持续发展官戴维·斯坦吉斯（David Stangis）写道："企业社会责任从业者（需要）保持警惕——不断学习……领导者应该每天提高他们的商业敏锐度、政治头脑和谈判技巧。"

为了吸引更多的志愿者活动，我们尝试为公司文化注入志愿精神。通过每年的艺术大会志愿者洽谈会（Arts Assembly Volunteer Fair），我们让潜在志愿者与纽约当地非营利组织的代表进行面对面的沟通。

我们很快发现，我们有限的团队规模无法满足所有希望来到佳士得展示自己的非营利组织的要求。我们只是一个由两名全职员工和两名实习生组成的团队，因此我们必须做出一些艰难的取舍。

我们几乎无法完全满足最初吸引的20个组织的需求，因此在第一年我们就以这个数量为限。然后，为了保持战略性并与自身的文化取向保持一致，我们选择仅邀请视觉艺术组织，这还不包括表演艺术。我们还倾向于更接近员工住所（如曼哈顿、布鲁克林和皇后区）的组织，以鼓励员工在大会以后继续与组织合作。

然后，在新活动当天，我们提醒自己不要浪费机会，希望某些特定的员工能到场并注册。我们意识到，这种行为类似于将意大利面扔在墙上并希望它会粘住。为此，我们在大厅里走动，向大家推广我们的活动。这项工作帮助我们提高了参与率并收获了一些改进建议。

　　食物和饮料对良好的活动氛围是绝对必要的。我们很高兴地发现，由于活动的慈善属性，我非常有能力的副手凯特林·诺里斯（Katelyn Norris）能够在一些非常棒的当地咖啡店和果汁店获得免费的饮料。

　　我们了解到参加活动的非营利组织领导人不仅渴望赢得志愿者，而且还希望从像佳士得这样的全球企业中学习最佳的管理实践。在第二年，我们举办了午餐会，就人力资源最佳实践进行坦诚且富有建设性的讨论。我们的嘉宾是沃尔特迪士尼公司（Walt Disney Company）首席多元化官兼ESPN（娱乐与体育节目电视网）人力资源主管保罗·理查森（Paul Richardson），以及佳士得的全球人力资源负责人克里·钱德勒（Kerry Chandler）。

　　我们做了一轮快速的自我介绍，每个人都提出他们最大的疑问。我把这个问题描述为"什么问题让你夜不能寐"，然后我记下笔记并将问题归纳为更大的专题问题。一旦每桌都这样完成一轮讨论，我们的演讲嘉宾就能够回答一些所有负责人都感兴趣的共性问题。这些参与的非营利组织领导人不仅获得了行业专家的忠告，而且还建立了一个新的同行网络，以便进行合作。

　　这次活动的成本大约是250美元。这始终提醒我们，虽然我们欢迎且需要经费，但对于任何挑战来说，资金都是最不具创造性的解决方案。企业社会责任活动使员工能够共同完成某些事情——往往是为了实现一个超出其工作岗位需求的更高的目标，而且开展这些活动经常要与其日常工作中接触不到的同事进行配合。他们以不同的方式更好地相互了解，从日常的生活和工作中得到了一丝休息的机会，并为自己的每一天带来一点精神上的提升。每次你在参与志愿者活动时，不妨当场或稍后就征求反馈意见，看看是什么引起了他们的共鸣，然后将他们的反馈意见融入你正在进行的项目中加以迭代。

然而，当自然灾害袭来时，提供资金确实能够应急。在这方面，我们努力满足员工的需求。特别是当灾难发生在拥有大量佳士得员工或客户的地区时，我们从未找到一种简单的方法来对这种突发事件提供真正的财务支持。我们也没有用于这些事项的慈善预算。

同样，我们从未能够成功推出全球范围的捐赠匹配项目。我们唯一的捐赠匹配项目在美国运作，仅限每位员工每年200美元的配额。由于为此类匹配项目预留的年度预算从未得到充分利用，所以我们不打算扩大该项目。虽然我们仍然在设法创造一种给予的氛围，但它更多的是一种感觉，而不是一种实际的全球捐赠行为。尽管如此，但运作这个项目还是比什么事情都不做要好。

回想起来，我们当时可以更全面地推广美国的捐赠匹配计划。但是，我们试图使用佳士得的力量和资源为所有雇员设计一个全球解决方案。我咨询了我的企业社会责任人脉网络，试图找到其他跨国公司在该领域所做的工作，但始终无法找到一个可以跨国界工作的现成的简单解决方案。特别是在拥有严格隐私惯例或缺乏慈善传统的国家，跨国公司如何为员工捐赠匹配计划提供一站式解决方案仍然是一项挑战。如果我能重新开始，我会专注于提高美国各类组织的参与率，并确保年度预算物尽其用。我从中吸取的教训是，在你获得项目成果和受欢迎程度的证据之前，不要将你的时间和政治资本用于扩张计划。

从别人的错误中吸取教训

2017年4月，百事可乐在其优兔频道上发布了一则时长为2分39秒的广告，主题为"一个关于我们决定放手，选择采取行动，追随我们的激情而没有任何东西能阻碍我们"的短片。在视频中，当一场和平抗议游行发生时，模特肯达尔·詹娜（Kendall Jenner）戴着一头金色假发正在拍摄广告。她冲动地甩掉了她的假发，抓起了一罐百事可乐并加入了抗议活动。当她走向游行队伍前排的时候，防暴警察挡住了去路。詹娜走向一名警察，递给他百事可乐，在这名警察喝可乐时，人群爆发出欢呼声。

视频立即遭到了公众的抗议。有人认为这是对反抗警方暴行运动的嘲弄，比如黑人维权运动"黑人的命也是命"（Black Lives Matter）。马丁·路德·金（Martin Luther King）的女儿伯尼斯·金（Bernice King）用讽刺的推文吸引了29万个点赞，"如果爸爸能知道#Pepsi的力量"。英国的《独立报》（*Indpendent*）称这则"百事可乐广告"可能是有史以来最糟糕的广告。据报道，社交媒体的严词批评让肯达尔·詹娜流下了眼泪。[23]

在社交媒体上被嘲笑几天后，百事可乐撤下了这则广告，并在随后的一份致歉新闻稿中表示："百事可乐试图发表团结、和平和理解的全球信息。显然，我们越界了，我们为此道歉。我们不打算轻视任何严肃的议题。"《连线》（*Wired*）杂志的一位作家有趣地观察到：这则广告"确实引起了对话——关于百事可乐的低情商……是对百事可乐广告的反应，而非广告本身将人们聚集在一起。这真是令人耳目一新"。[24]

前面章节已经谈到了将企业社会责任与市场营销相结合的风险（漂绿、笨拙的广告、产品噱头、尴尬的企业捐赠或偏离本意的赞助）。肯达尔·詹娜的百事可乐广告肯定在判断上产生了偏离本意的信息传递。展示一个电视明星用一罐可乐来消除潜在的暴力对峙，无疑是在以一种滑稽的方式传达"团结、和平和理解"的信息。

但是，百事可乐广告的根本问题在于合作，或者说是缺乏合作。这部视频是由百事可乐旗下的品牌内容工作室制作的，这并非巧合。帮助开发和运营该工作室的百事公司高管布拉德·杰克曼（Brad Jakeman）声称："在某种程度上将广告视频的制作置于内部会变得更有效率。"[25]（在喧嚣消退后不久，杰克曼宣布计划离开百事可乐公司。）[26]

然而，这样的做法减少了内容制作者能收到的反馈意见，并且还容易制作出这种低情商的视频。营销专家在当时指出，与外部广告代理商合作有助于公司避免这一问题的发生。正如一位广告代理机构的高管写道："你希望为你制作内容的人能质疑你的设想。因为如果你只在自己的内容'农场'里面获取空气和养分，那么有一天你'发送'自己的'精心创意'后可能会发现自己需要向肯达尔·詹娜和所有的美国人道歉。"[27]

对于公司文化中的问责制和真实性而言，尴尬可能是一个有用的警钟——表明你的善意是不够的。你的客户、邻居、员工、供应商、合作伙伴、股东和其他投资者等旁观者都将社会责任的一切看在眼中。随着时间的推移，幸存下来的公司会更加聪明和有责任感。

作为一般原则，协作可以帮助你避免计划阶段的错误，并在出现问题时缓解冲击。由于种种原因，企业社会责任负责人要很有智慧地与市场营销、公共关系、政府关系、企业捐赠和投资者关系等部门的同行密切协调。在发布项目之前，你可以从这些人的身上获得关于所有可能的问题或挑战的宝贵意见。在项目启动后，你们也能建立对项目的共同归属感——这有助于确保项目的成功。

前文所述的视频对百事可乐品牌造成的后续影响并不大。百事可乐拥有强大的企业社会责任文化，足以让自己快速地从这样的"小感冒"中恢复过来。如果判断失误确实是偶发性事件，而不是百事可乐的常态，消费者就愿意相信该品牌是清白的。当一个品牌真正投资于企业社会责任时，它会在一定程度上给品牌打好预防针，让其能在错误中存活。

在这则差评不断的百事可乐广告被撤回6个月后，多芬（Dove）产品也被迫删除了一个在线广告。这则广告的潜台词被许多人认为具有种族意味。多芬发言人表示，公司将"重新评估我们创建和审查内容的内部流程"。[28]经历这一事件后，多芬本已很强大的企业社会责任计划变得更加强大。

多芬的官方评论暗示了抵制协作的潜在根源：你必须将你的作品提交给他人审查。与他人合作的一个不可避免的缺点是，你并不总是能得到你想要的东西。

回到我自己参加的佳士得文化资产委员会。这是一个跨职能团队，其中包括法律、传播和企业社会责任部门的代表及艺术专业人员。我们努力解决诸如认证挑战、归还纳粹掠夺的艺术品及处理来自叙利亚和伊拉克等战乱地区的文物等问题。在总法律顾问马丁·威尔逊（Martin Wilson）的强有力领导下，这是一支伟大、合作流畅的团队，并通过一个训练有素、规模化的协作过程发展壮大。

但我认识到，这种以共识为导向的流程促成了我认为过于谨慎和保守的政策（从企业社会责任的角度来看）。例如，我是一个支持佳士得暂停拍卖所有象牙制品的人，但这一倡议并没有成功。

根据有关濒危物种贸易的国际条约，佳士得和其他拍卖行不会处理已知的"当代"象牙艺术品。佳士得已经进一步开展围绕犀牛和大象偷猎主题的科普教育，例如与野生动物保护组织象牙信托（Tusk Trust）合作开展的系列讲座。象牙信托的支持者包括哈里王子和威廉王子。

然而，越来越多的野生动物组织提倡完全禁止销售任何类型的象牙，包括古董祭祀配件、钢琴和其他可能有小块象牙镶嵌物的装饰艺术品。它们相信这种"古董象牙"贸易推动了对新象牙的需求。每年有超过30 000头大象因象牙交易而被杀，根据2016年的普查估计，在过去的7年中，非洲草原象的数量已减少了30%。[29]

几个月来，我们的文化资产委员会研究并讨论了禁止古董象牙交易的问题。尽管佳士得的拍卖物中只有很小一部分含有古董象牙，但我们担心的是，由于某收藏系列中有少量古董象牙物品，所以我们可能会被迫拒绝处理整套大型藏品。我主张暂停禁令——暂停所有象牙交易一两年，同时可以研究禁令对我们的销售和竞争对手的影响，以及我们此举对偷猎的整体状况是否有威慑力。在我看来，暂停会给我们一个独特的机会来定义这个议题的基本面，从多个角度看待和评估这个议题。但这个想法并未付诸实施，销售带有古董象牙的物品至今仍在拍卖界乃至整个商界得到允许。

最终，企业社会责任不可能对所有业务实践负责。企业社会责任的进步往往来自市场因公众事件或丑闻而引发的突发危机。有一段时间，所有拍卖行都可能会因为对销售的担忧而被迫停止拍卖象牙制品。在这种情况下，当一家公司遭受丑闻或市场份额流失时，企业社会责任可以帮助它开辟一条新的道路。永远不要忘记企业社会责任可以帮助修复其他部门引发的客户问题。

大众（Volkswagen）的排放丑闻也是一个很好的例子。2015年，美国环境保护署提出正式控诉，表示大众汽车公司的工程师使用发动机软件来规避柴油发动机的排放限制。在正常交通情况下，大众公司旗下的汽车排放的污染物远远超过法律允许的范围。当汽车进行排放测试时，发动机软件中的代码会检测到处于测试模式并调整发动机，使其运行更清洁，能耗更低。

丑闻的结果是，大众汽车承认其串谋欺骗了美国政府，并为此支付了超过200亿美元的罚款，还提出了这一骗局的善后方案。2017年12月，大众汽车的美国工程和环境主管被判处7年徒刑，另有8名大众汽车高管被起诉。在德国，大众汽车公司首席执行官辞职，两名大众汽车公司的高管遭到指控，另有50名员工接受调查。到2018年，世界各国开展了其他针对大众汽车的相关调查。

在继任首席执行官的领导下，大众汽车2016年的企业社会责任报告显示，由于这一可怕的丑闻，该公司进行了大规模的整改。该报告写道："这是一段痛苦的经历，特别是柴油发动机事件之后公众对我们的信任度骤降。这段经历已经清楚地表明，在诚信方面，我们的首要目标必须是成为一家现代、透明和成功的企业。"[30] 在发生了众多变化的公司治理架构中，公司管理委员会现在会保留一个席位给"诚信和法律事务董事"。

就其产品而言，大众汽车已停止在美国销售柴油车，并加快了向零排放电动汽车发展的步伐。在丑闻发生之前，大众汽车在制造电动汽车方面一直是一个明显的行业落伍者。大众汽车在最新的五年计划中，计划投资400亿美元在2025年成为全球电动汽车领域的头号厂商。该公司计划在2020年年底之前对电动汽车和其他新汽车技术直接投资850亿美元。[31]

最后，根据其在美国的法律和解协议，大众汽车同意向一家名为电动化美国（Electrify America）的子公司提供20亿美元的资金。该公司将在2026年以前利用这笔结算资金建立一个从东海岸到西海岸的快速汽车充电站网络。到2019年，美国17个大都市将建设超过2 800个充电站。"此前还没有一个重要的'催化剂'来增加充电站的数量。"总部位于洛杉矶的电动化美国承包商Greenlots的斯科特·费希尔（Scott Fisher）指出，"这是一个前所未有的机会，有助于创建我们在美国所需的电动汽车基础设施。"[32] 如果没有大众汽车的排放丑闻，这样的网络不知道何时才能形成。

具有讽刺意味的是，大众汽车长期以来一直有非常强大的企业社会责任计划——涉及社会责任的各个方面，而不仅仅是环境。其工程师带来的丑闻（以及高管人员的掩盖）突然使企业社会责任（以及公司在企业社会责任方面的领导者）成为公司恢复盈利和重获尊重的有力武器。大众汽车的丑闻使公司在应对罚款、善后方案和提振股票价格方面花费了大量资金，这也为更多的跨国公司及其投资者发出了一个危险信号。它们认识到：大众汽车如果更加重视企业社会责任，则可能以200亿美元的成本避免发生可耻的排放丑闻。

无论你的公司是传统的制造公司还是新兴的电子初创公司，你的长期成功——真正的可持续发展都要求你主动向全世界展示你的业务实践（包括你所声明的、共享的和独立审计的），然后让其他人——客户、员工、投资者、监管机构和媒体确认或否认你的公司是一个值得他们合作的负责任的企业。

永远不要停止冒险

电动汽车这一新焦点将会把大众汽车带到哪里去？这个问题很难回答，也是我们要继续尝试新事物的原因。你不知道它们会把我们领向什么地方。

佳士得的"艺术＋灵魂"计划源于2010年开始的年度"绿色拍卖"活动。我用三寸不烂之舌吸引并激励一个具有前瞻性的商业和非营利组织的领导者团队，共同开展了为期三年的合作。慈善拍卖会让4个环保团体受益。其中包括一项前所未有的合作，叫作"拍卖拯救地球"（Bid to Save the Earth）。感谢这个才华横溢且充满灵感的团队，他们大胆地创造了这个项目。

从一开始，我就知道设计此类活动的好方法是制定截止日期。根据我的经验，筹集来的资金都有一个有效期，三年的时长刚刚好，到期后撤出，然后重新开始新的项目。新项目的黄昏阶段让每个人都能看到一个恰当的撤出点，而开放式的承诺会让人们感到紧张。如果项目没有起到应有的效果，而你必须撤出，谁又想成为其中的坏人呢？做出三年期的承诺相对要容易一些，所以你永远不会陷入尴尬的境地。

为了创建"拍卖拯救地球"项目，我们在没有任何先例可循的情况下，史无前例地创造了一些东西。这一路障碍重重：

- 没有预算，也不清楚预算应从哪里来。
- 我们需要一个新的、独立的501C3慈善组织来持有资金，并最终分配给我们的4个非营利合作伙伴。
- 我们的会计和系统软件不允许进行有多个受益人的混合拍卖。

- 我们的区域专业人员投入的时间有限，因为他们都专注于各自的常规销售和客户的需求。
- 我们的公司文化是由商业成功驱动的，而不是慈善事业。

这个项目在很多地方都遇到了阻力，大概每件有意义的事情都会遇到这种情况。（你如果正在尝试一件轻而易举的事情，那能有什么成就感呢？）

因此，我不得不说服无数同事去大胆地想象，并开始通过客户的视角看待慈善事业。我的同事很清楚，大多数主要的艺术收藏家也积极参与各种慈善事业和慈善活动。大型慈善拍卖将是吸引现有客户并与潜在客户建立关系的独特方式。

佳士得时任首席执行官埃德·多尔曼（Ed Dolman）理解了这一概念，并从一开始就支持这个项目。他曾担任过佳士得的许多职务，其商业嗅觉与道德理念完美结合。他知道慈善事业对我们许多开明和成功的客户很重要，比如莉丽·萨夫拉（Lily Safra）、史蒂夫·科恩（Steve Cohen）、莱昂纳多·迪卡普里奥（Leonardo di Caprio）、玛格丽特公主（Princess Margaret）和李嘉诚。

即使有首席执行官的支持，我仍然不得不将这个概念推销给我的同事。我在这个问题上与他们进行过无数次的谈话，但其中许多都是以不置可否的耸肩或摊手而结束的。这种对话的关键是始终听取同事们关注的内容并做出回应，帮助他们感到更加舒适——即使他们并不确信这件事情。最后，记住要学习资深活动家的积极态度，并且知道今天的每一个"不"都意味着"也许下次吧"。

应该与少量能抓住我们顶级客户的"时间、财富和才能"的环保组织合作，我们在这一点上达成了共识。这样做，我们就能将慈善拍卖整合到佳士得的核心业务发展战略中。一开始，我研究并选择了4个非营利组织参与进来。

我们需要满足3个基本标准：必须选择一个引人注目的全球议题；需要与少量的世界级慈善机构合作，慈善导航（Charity Navigator）是领先的非营利组织评级网站，我们选择在该网站获得四星级评价的机构；需要选择这些机构的支持者（包括主要艺术收藏家的慈善合作伙伴），我会与他们单独沟通，说服他们加入我们的行动。我们选择的非营利组织是如下4家。

- 世界海洋保护组织奥西安娜。作者、环保主义者和慈善家苏珊·科恩·洛克菲勒（Susan Cohn Rockefeller）（以及其他知名的收藏家）是其理事会成员，她也是我的朋友和知己。
- 保护国际基金会（Conservation International）。它的理事会包括霍华德·舒尔茨（Howard Schultz）和哈里森·福特（Harrison Ford）等杰出领导人。
- 自然资源保护协会（Natural Resources Defense Council）。它

带有传奇色彩，并且拥有一名伟大的主席弗朗西丝·拜内克（Frances Beinecke）和勇敢的发展负责人帕蒂·沙利文（Pattie Sullivan）。

- 中央公园保护协会（The Central Park Conservancy）。该保护协会的领导团队包括富有活力的首席执行官道格·布隆斯基（Doug Blonsky）、发展主管特里·科珀史密斯（Terri Coppersmith）及著名的艺术收藏家和理事帕齐·塔尔（Patsy Tarr）。

所有这些慈善机构都竞相捐赠资金。从本质上讲，我需要逐个地说服它们。这些机构团结起来会产生集体合力和更大的上升空间。我需要建立一个社群——一个真正的运动来创造一个最终备受赞誉的"拍卖拯救地球"项目。

我寻找我最亲密的朋友和过去的合作者来帮助我完成这项艰巨的任务。其中包括苏珊·洛克菲勒、时尚观察员及奢侈品零售商Barney's的可持续发展专家朱莉·吉尔哈特（Julie Gilhart），还有我的佳士得同事凯茜·埃尔克斯（Cathy Elkies）、卡伦·格雷和莉迪娅·费内特（Lydia Fenet）。我挑选了一些有影响力的外部人士，包括塞拉俱乐部绿色家园网站（Sierra Club Green Home）的詹妮弗·施瓦布（Jennifer Schwab）和NBC环球集团的首席可持续发展官贝丝·克莱顿。

　　在这4个受益机构签字加入后，我每周都会召开电话会议，以便我们的团队做好举办活动的一切准备。总的来说，我们利用网络和资源获得了德意志银行（Deutsche Bank）50 000美元的资金赞助和塔吉特的媒体赞助，以及众多名人嘉宾的参与，包括萨尔玛·海耶克·皮诺、洛克菲勒家族成员及后来还愿意作为活动主持人的喜剧演员切维·切斯（Chevy Chase）。

　　我们从知名艺术家那里获得了艺术品，甚至还拍卖了与前总统比尔·克林顿打一场高尔夫球的机会。而这一切都是为了环境保护。到第一年结束时，我们为这4个慈善机构募集了近70万美元的善款，并赢得了极高的媒体知名度。

　　我们在第二年和第三年继续运作了这个项目，虽然没有获得来自佳士得的资金，但获得了很多实物支持和以期提升公司形象的愿望。到了第三年，也就是最后一年，我们决定大干一场。*Vogue*杂志的西尔瓦纳·沃德-达雷特（Sylvana Ward-Durrett）、弗吉尼娅·史密斯（Virginia Smith）和梅根·索尔特（Megan Salt），《名利场》（*Vanity Fair*）的格雷顿·卡特与安娜·卡特（Graydon & Anna Carter）和萨拉·马克斯（Sara Marks），以及佳士得活力四射的慈善拍卖师莉迪娅·费内特主持了这场活动。我们还邀请了当时的说唱新秀妮琪·米娜（Nicki Minaj）作为我们的演出嘉宾（见图4-1）。在洛克菲勒中心的佳士得拍卖行，从未出现过说唱歌手身穿皮革紧身衣翩翩起舞的画面。我们的票价在纽约的大多数庆祝慈善活动中是高出一档的，我们敢于承担这样的风险，部分是因为这是最后一年。我们的活动获得了回报，收获了大量的回应、资金和快乐。

图4-1 2012年3月在佳士得绿色拍卖会上参加慈善活动的妮琪·米娜，

她随后在洛克菲勒中心举办了一场时装秀

图片来源：卢卡斯·杰克逊/路透社（Lucas Jackson/Reuters）。

在三年的"绿色拍卖"活动中积累起来的关系网络，帮助我们后来推出了"艺术＋灵魂"项目。这些关系继续使佳士得从中受益。年复一年的迭代使"绿色拍卖"更加强大和美好。我个人也继续受益于这三年来建立的关系。

　　我从这些年来的跌宕起伏中汲取了教训。每个项目都会产生影响，即使它在当下的影响很小或很难被发现。你所做的事情很重要，它们确实有助于推进社会和地球的发展，即使一开始的影响力并没有你想要的那么大。请记住这一点。即使直接的结果产出是有限的或似乎是徒劳的，但是，你如果敢去梦想、与他人合作并发现你做的事情的乐趣，就总有机会建立新的关系，这有助于你在未来取得更大的成功。你将在晚上入睡时意识到自己为这个世界创造了积极的变化。

　　在整个过程中，在事情出错时，分担风险会使事情更容易，分享收获会让成功更加快乐。

第五章

评估实际收益

我们只信仰上帝，所有其他人必须用数据
说话。

——杰克·韦尔奇

彭博（Bloomberg）公司是全球最大的私营企业之一，拥有 19 000 名员工，在六大洲拥有 176 个办公地点。这个信息技术公司将自己视为"全球金融的中枢神经系统"。它是由创始人迈克尔·布隆伯格根据一个信条创建的："你如果无法评估一件事情，就无法管理它。"

彭博的年度企业社会责任报告反映了该公司对这种评估能力的信念，记录了彭博在实现具体且可衡量的目标方面取得的进展。2013 年，彭博公司公布了 2020 年企业社会责任活动在三个领域的目标：人员、产品和地球。

彭博公司 2016 年社会影响报告[33]的成果包括：

- 人员——2016 年，超过 11 000 名员工在全球 74 个城市提供超过 128 000 小时的志愿服务。90% 的员工至少参与了一个志愿者小组（接近 2020 年的参与率目标），49% 的员工参与了两个或更多的小组。

- 产品——2016 年 5 月，彭博公司推出彭博金融机构性别平等指数（Bloomberg Financial Services Gender-Equality Index，缩写为 BFGEI）。这是首个衡量金融服务公司表现的指数，该指数因支持数据披露和一流的政策与实践而在性别平等方面获得认可。

- 地球——2016 年，彭博加入 RE100。这是一项致力于到 2025 年实现 100% 可再生电力的全球企业倡议。彭博 2020 年的总碳排放量计划在 2007 年的基础上减少 20%。

2009 年，彭博收购了英国一家名为新能源财经（New Energy Finance）的公司，这是一家提供可再生能源市场信息的服务商。新能源财经随后推出了彭博 ESG 数据服务，为 10 000 多家上市公司收集 ESG 数据。彭博现在每年根据它们的 ESG 数据对公司进行评级，然后将这些数据整合到彭博证券和信息服务中，以便投资者评估各公司应对 ESG 挑战的能力。

像彭博这样的主流金融公司的演变表明，企业社会责任是如何成为管理者和投资者的实质性关注对象的。无论是否有高尚的动机，商界现在正在评估、报告和执行 ESG 战略，并假设它们是企业健康和可持续发展的重要表现。现在，这个循环正在形成一个闭环，员工、客户和外部影响者现在都支持那些在三重底线上表现良好的品牌。

迈克尔·布隆伯格基于自己对评估的极度信任建立了一个商业帝国，他非常适合担任前文提到的可持续会计准则委员会的主席。该委员会旨在提高可持续发展信息的质量和实用性并为此提出行业倡议。正如彭博所指出的："没有公司可以单独解决可持续性的挑战。越多人加入这一日益增长的评估和分享气候与环境风险的行动，我们就能越快在应对挑战方面取得进展。"[34]

评估企业社会责任影响

评估企业社会责任对投资的影响，是这项活动融入公司整体价值主张的最可靠信号之一。这意味着你开发的评估系统将为你未来围绕企业社会责任的工作奠定基础。卓有成效的评估方法将会使你的每一分努力都能得到更大的收获。它还可以帮助你选择在哪里加倍下注并改变你公司的ESG表达方式和承诺水平。

例如，前文提到过的旗下拥有古驰和圣罗兰（Saint Laurent）等奢侈品牌的开云集团在2017年宣布了一项计划，到2025年将公司的环境足迹减少40%，并设定具有特定KPI（关键绩效指标）的量化目标来跟踪进度。"必须有一个明确的战略和清晰具体的目标，就像你们企业的财务管理一样。"开云集团的首席可持续发展官兼国际机构事务主管玛丽·克莱尔说，"要改变范式，你必须有一个长期的愿景。因此，我们谈论的是2025年。"

在大多数情况下，你会很高兴地发现你已经拥有企业社会责任的评估实践。例如，如果你的公司为员工提供了匹配的捐赠计划，那么财务系统就会有这些捐款的专列项。如果公司对机会均等就业的实践和目标有承诺，你就可以将这些承诺包含在你的企业社会责任报告中。

对于其他企业社会责任项目，你可以使用与如下四个基本类目相关的KPI，以评估和跟踪项目情况。

- 投入。
- 产出。
- 成果。
- 影响。

举个例子，通过这个简单的模型，佳士得艺术大会志愿者洽谈会确立了如下四个KPI。

- 投入 KPI——员工时间、现金预算和实物捐赠。
- 产出 KPI——出勤、参与和注册的数字。
- 成果 KPI——加入非营利组织理事会的人数、他们的服务小时数以及他们投入非营利性工作的小时数。

- 影响 KPI——数字和相关叙述，表明佳士得的员工如何在这些非营利组织理事会中发挥作用。

以下过程可帮助你区分成果和影响。基本上，企业社会责任的成果与你的公司有关，而其影响与你的利益相关方有关。例如，如果你的公司将安装高效照明设备作为可持续能源计划的一部分，那么减少电费就是成果，避免温室气体排放就是影响。

评估结果总是比评估影响更容易——但影响是最重要的。影响力对企业社会责任的成功至关重要，即使评估影响有时是一个严峻的挑战，你也肯定希望自己评估的内容具有重要意义。

再以佳士得为例，我们评估了志愿者慈善拍卖的成果（2015年为1.7亿美元），以及我们代表客户拍卖收藏品以帮助他们喜爱的慈善机构筹集资金（2.5亿美元）。所有这些成果（包括资金总额及受益组织的名称和类型）都在年度企业社会责任报告中得到了适当的体现。

然而，为了让我们的利益相关方充分了解企业社会责任计划的影响，我们需要对这些资金产生影响的方式进行画像。因此，我们的年度企业社会责任报告中充满了影像和图表，显示了我们的工作究竟是如何影响靶心目标三个圈内利益相关方的。例如，我们展示了一门新建立的以社群为基础的艺术教育课程如何使社群成员的生活更美好，以及它如何帮助改善授课地区的邻里关系。

负责思科企业社会责任的泰允女士说："我们发现社交媒体是分享有影响力内容（如企业社会责任计划受益人的照片和视频）的非常有效的工具。"该公司最近在照片墙、脸书和推特上发布了一系列视频，内容涉及公司通过现金补助和产品捐赠支持的几个非营利组织。"我们希望利用社交媒体的力量，突出它们所做的伟大工作最终产生了令人难以置信的结果。另外，此举促使数千人更深入地了解这些鼓舞人心的人和组织。"

一般来说，影响是叙事，而成果是数字。这种影响力故事将为冰冷的数字和定量成果注入生命力。尽管你可能需要更多的工作和想象力来讲述你的企业社会责任影响力故事，但这是值得的。员工的生活因志愿者活动而改变的故事非常有说服力——而且最好通过该员工的个人账户进行发布。

指标的最终目的是激发更多这类善举。为了激励人们，它往往需要定量成果和定性影响——数字和叙述的支持。你的员工、客户和投资者都希望由企业社会责任的KPI来提供客观、统一和严格的年度报告。不过，他们也希望听到你的工作的受益人的声音，这些人为企业社会责任影响提供第一手证据。

这种对影响的关注在任何新项目或新计划的规划阶段都是非常宝贵的。要评估企业社会责任倡议的潜在价值，你首先应考虑从利益相关方的角度思考理想的影响内容。然后，你可以通过倒推的方式来确定必要的KPI。你不妨先从受益人的角度询问什么是成功。为了获得这种影响，我们需要什么样的成果？为此，需要有哪些产出才能实现这些成果？最后，需要什么样的可衡量投入——时间和金钱来实现上述所有成果？

通过对评估内容和评估方法的选择，你将有机会考虑什么对你的企业社会责任的成功能起到真正重要的作用。从那里，你可以设定未来几年的基准目标，并评估你自己的年度绩效。有一点是确定无疑的：新的想法会不断涌现，你可能来不及处理。鉴于你的时间和资源有限，你如果没有指标和流程来帮助自己做出决定，该如何选择开展哪些项目或放弃哪些项目呢？

整合的 ESG 报告

近年来，跨国公司因为严重缺乏 ESG 合规性而在运营领域遭遇了一系列灾难。想想英国石油（BP）、大众汽车、富国银行和其他许多大企业如何因为各种不良环境控制、不道德的销售诱导、供应商对员工的虐待以及高管人员肆无忌惮的性骚扰等丑闻事件而损害了公司的估值。

回顾过去的几十年，诸如印度博帕尔的 1984 年联合碳化物农药厂事件、1989 年埃克森瓦尔迪兹在阿拉斯加漏油事件以及美国联邦法院 1998 年的《烟草大和解协议》等事件都显示了许多大公司领导层对社会责任的漠视，同时也体现了传统财务报告的局限性，即无法防止此类灾难性事件破坏股东的利益。

在投资者中，如何通过ESG问责来降低持有股票的风险的意识越来越强烈。具有最高ESG报告标准的公司可以被纳入低风险的社会影响基金的投资组合中。

知名的公司已经做出回应——在财务报告中融入ESG报告的内容。它们将ESG信息纳入与投资者和金融市场中的其他参与者的沟通中。

我向所有公司推荐这个路径。因为它不仅提高了公司内部的透明度和问责制，而且一旦建立了这些ESG报告规程，每年完成报告和加强持续性的努力将变得更加容易。

全球报告倡议组织可能是ESG报告的通用语言。其准则使任何规模、类型、部门或地理位置的组织都能够评估它们对气候变化、人权和腐败等问题的影响。全球有超过8 000家公司正在利用自己的财务报告和全球报告倡议组织分享企业社会责任工作的成果。

一个合理的方法是使用全球报告倡议组织来确定公司报告中出现的关键驱动因素，然后记下你所在行业或行业内的上市公司正在沿着这些方向做些什么。你可以在联合国全球契约网站（UNGC.org）上查看庞大的全球报告倡议组织报告库。

另外两个常见的评估系统是更直接地为投资界量身定制的：

- 可持续会计准则委员会。该机构制定标准，其目的是将这些

标准纳入美国证券交易委员会（SEC）和其他监管机构的强
制性财务报告。可持续会计准则委员会现在有各种不同的评
估标准涵盖全球经济 11 个领域的 79 个不同行业。

- 国际综合报告理事会（International Integrated Reporting Council，
  缩写为 IIRC）。该机构设定的评估标准略有不同：更加强调
  企业社会责任实践如何增加股东价值，并为公司提供可持续
  的长期增长方法。

私营公司和中小型企业不应该感觉是被迫提供符合可持续会
计准则委员会或国际综合报告理事会严格要求的企业社会责任报
告。一方面，对于私人企业内部的小型企业社会责任团队而言，
严格遵守这两个机构的报告标准可能会让你感到任务繁重和身心
疲惫。但是，另一方面，我们也有几个充分的理由说服小型公司
将ESG报告作为标准财务会计的常规部分进行整合。考虑到上市
公司越来越挑剔其合作伙伴和供应商的资质，有社会责任感的知
名公司可能会在与你开展业务之前查看你的ESG报告。例如，如
果你的公司想要筹集资金或为被上市公司收购做准备，那么遵守
这些报告标准将成为公司接受尽职调查期间显示财务稳健性的有
力信号。

大约50 000家各种规模的公司通过非营利组织共益实验
室（B Lab）赞助的用户友好型"共益影响力测评"（B Impact

Assessment）工具对其企业社会责任进度开展了基准测试。完成该测评需要两三个小时。在线提交报告后，你将能够看到贵公司相比其他40 000多家公司的测评结果。然后，你可以在一个包含最佳实践的指南的帮助下，创建一个改进计划。以上内容都是免费的。

大约2 100家公司采取了进一步的措施，并使用同样的工具来获得共益企业官方认证（B Corp certification）。这些来自50个国家和130个行业的企业与共益实验室合作，以便能满足严格的社会和环境绩效标准、问责制和透明度。经过认证的共益企业中，行业领导者包括巴塔哥尼亚（Patagonia）、伊林费雪（Eileen Fisher）、沃贝帕克（Warby Parker）、诚实公司、本杰瑞（Ben & Jerry's）、Etsy手工艺品电商平台和互随（Hootsuite）。

共益企业认证可以帮助组织重新定义成功的本质。在美国的30多个州，共益企业特许（B Corp designation）是法律认可的，这种法律地位可以保护共益企业避免因未履行利润最大化的信托义务而遭到股东的起诉。*

"这种公司的目的不是创造股东价值。"达能首席执行官伊曼纽尔·费伯在2018年告诉《经济学人》。达能已经承诺成为共益企业，其美国子公司DanoneWave已经成为世界上最大的共益公

---

* 有关共益企业的更详细内容，参见《共益企业指南》（中信出版集团2017年版）。——编者注

司。"一家共益企业的管理方式可以平衡股东的经济利益与它为人类、地球和更广泛的社会层面带来利益两者间的矛盾。"费伯在2017年写道,"我们并不完美,但这项运动已经开始了,我们准备进一步推动它。"[35]

沟通你的成果

联合国全球契约开发了一个非常有用的名为价值驱动模型（Value Driver Model）的在线工具,它可以帮助你评估和传达企业社会责任战略的财务影响。该模型使用通用业务指标来说明企业可持续发展活动如何在三个基本领域对公司整体绩效做出贡献:

- 增长——可持续性优势产品、服务和战略的收入增长。
- 生产力——通过可持续性驱动的生产力计划,每年节省的总成本（以及避免的成本）。
- 风险管理——减少可能会损害公司业绩的有关可持续性的风险。

价值驱动模型允许你设计一些能够描述可持续实践与公司价值创造之间内在联系的指标。你可以对它进行调整,以适应各种体现赢利能力的指标——无论是股本回报率,还是在资本密集型行业和部门中受到青睐的已动用资本回报率。

价值驱动工具包简化了将此模型应用于你自己的策略、运营和传播的工作。你能在联合国全球契约的线上资源库中找到这个工具包，其中包括有用的案例和模型培训演示资料。[36]

最后一步是与公司的所有利益相关方讨论你的结果。这一步对于持续改进企业社会责任工作非常重要。你需要为企业社会责任靶心目标中的每个受众群体和子群体建立反馈机制——同事、公司高管人员、客户、供应商和社群成员。

出于这些目的，我个人赞成一对一谈话或小组咨询。但是，调查猴子等民调平台和社交媒体也可以帮助你从多个来源快速地获得反馈。你如果能加深对各利益相关方的动机、目标和需求的理解，就可以发现最值得追踪的指标。理解你的利益相关方最重视的东西，你将在自己服务的领域中收获最大的积极影响。

不妨选择你的利益相关方最重视的指标、数据和故事去做相关报告。从这个意义上讲，评估可持续发展努力的成功必然是一项不断进行的工作。随着可持续性指标变得更加先进，公司越来越多地评估和传播影响力，从而使它们能够评判企业社会责任工作是如何使社群和商业底线受益的。以此为目标，你就能建立起适合特定组织结构和文化的反馈机制。

"我们经常进行广泛的研究，以确定我们正在投资于合适的领域，这些领域可以为我们提供最大的增值并具有最广泛的潜在影响力。"思科公司的企业社会责任和可持续发展高级副总裁泰允女士说。在2017财年，思科报告的现金捐款和实物捐赠相当于公司收入的2.89%（以息税前利润计算），其非营利性的受助方的报告表明思科的企业社会责任活动对1.54亿人产生了积极影响。

对企业社会责任进行评估和提高透明度，使所有利益相关方更容易认识到公司在其社群和行业中的作用。使用这些工具和指标，还有助于营造问责制和关注结果之类理想的职场文化。通过这种方式，有效地评估企业社会责任可能会以某种意想不到的方式改善公司的运营，有时甚至会对公司产生变革性的影响。

2009年，美国银行与美林证券合并。"我们认为这是一次机会。"合并后的美银美林公司国际ESG主管安德烈娅·沙利文指出，"我们密切关注公司，开始将负责任的增长融入组织的各个方面。多年来，我们不断提升ESG方面的领导力，创建支持性的职场文化和负责任的风险与和商机管理办法。这种强大的文化使我们能够更好地为客户服务，使我们的社群日益壮大并为股东创造附加价值。"

此外，通过为多元化和慈善事业设定明确的目标和评估方法，公司可以释放管理层曾经忽视的人才和技能要素。当公司评估其废弃物产量时，管理者可以为这些废弃物寻找市场，因此不会浪费这些资源。

位于丹佛的小型黄瓜泡菜公司Real Dill的转变过程提供了一个简单的例子，说明了这一理念的运作方式。当公司的创始人看到一个爆炸性增长的销售季时，他开始意识到公司产生了多少浪费。每个星期，公司都会在处理黄瓜、辣根和辣椒的过程中产生数百磅的边角废料，并将它们全部送到垃圾填埋场。与此同时，在酸洗过程中，大量黄瓜味的废水（副产品）流入排水管。

"我们对此感到非常内疚。"Real Dill联合创始人贾斯汀·帕克（Justin Park）告诉《快公司》（*Fast Company*）杂志："虽然黄瓜水是副产品，但它的味道令人印象深刻，我们认为必须更好地利用它。"[37]这种清晰的洞察力促成Real Dill推出了一款名为血腥玛丽（Bloody Mary）的混饮。血腥玛丽混饮用曾经只能浪费的黄瓜水制成，并迅速成为Real Dill公司最畅销的产品。

这个公司的创始人还通过当地的社群解决了自己的废料问题。他们让当地的社群园艺小组每周都把废料运走，作为可堆肥材料。Real Dill每周产约500磅的食物废料（每年12吨），现在都产生了新的价值——帮助当地菜园和农场提高产量。

"对我们来说，感觉就像一场胜利。"帕克说，"我们将这些废料从垃圾填埋场中拯救出来，并将它们交给一个能利用好它们的组织……哪怕这个项目为我们创造的社会责任价值再小，那也完全值得去做。"

公司的规模越大，这些指标的影响就越深远。当中国电子商务巨头阿里巴巴（Alibaba）开始研究并追踪其对经济影响的广度时，企业社会责任的新机遇开启了。该公司成立了一个内部研究部门阿里研究院（AliResearch）。该部门估计，阿里巴巴集团这一新型零售市场直接创造了超过 1 500 万个就业机会，其中包括网店工作人员及为阿里巴巴商家提供服务的人。研究还显示，阿里巴巴中国零售市场上约有一半活跃商家的经营者是女性。

这一发现促使公司开始努力促进性别平等和劳动力包容性的议题。阿里巴巴还开发了一些项目，以扩大其他领域的平等机会。例如，为残疾人设计的云客户服务项目，以及一个旨在鼓励中国广大欠发达农村地区的电子商务发展的大型项目——农村淘宝合伙人。

为此，阿里巴巴宣布将投资 16 亿美元用于开设 10 万个农村淘宝中心，以帮助促进当地贸易。该项目的整个合作伙伴关系利用了政府的大量资源，政府在 200 个县花费了相当于 3 亿美元的资金来开展培训、仓库建设和其他支持活动。据阿里巴巴的一位代表表示："当我们派一名阿里巴巴员工时，政府会派 10 人开展相关工作。" [38]

通过各种方式，强大的阿里巴巴电子商务平台已经变成了一个友善的平台。阿里巴巴的商家可以将其指定百分比的销售收入捐献给慈善组织，消费者可以通过购买产品或参与在线慈善拍卖来为公益事业做贡献。慈善机构可以通过自己的淘宝网店筹集资金并吸引志愿者。（2016 年，阿里巴巴为大约 33 亿人次的慈善捐款提供了便利，涉及 2.8 亿多位消费者、150 万个商户和 2.3 亿元的资金。）

2016年，阿里巴巴还利用其平台为60多个环境保护项目筹集了相当于3 000万美元的捐款，其中有大自然保护协会（The Nature Conservancy）、国家地理空气与水保护基金（National Geographic Air and Water Conservation Fund）、保尔森基金会（Paulson Institute）和公共及环境事务研究所（Institute of Public and Environmental Affairs）。阿里巴巴已经成为企业社会责任成功的典范。它展示了如何利用其资产、专业知识和高级分析能力将ESG解决方案与公司的业务模式相结合。

评级的流行

2016年，与ESG相关的可持续、负责任和有影响力的投资产品的美国市场规模为8.72万亿美元，占专业管理机构所有投资额的20%。这标志着自2014年以来增长了33%，并且该行业的增长正在持续。[39]

资本市场正在加速推动市场向更透明和负责任的商业活动迈进。私营部门雇主为退休计划增加了对社会负责的投资基金这一选项。在福特基金会（Ford Foundation）达伦·沃克（Darren Walker）主席富有远见的领导下，该机构已将其捐赠的10亿美元用于与特定任务相关的投资。资金管理者和机构投资者正在密切关注一系列日益扩大的问题，包括气候变化、动物测试、人权、收入悬殊、性别平等和安全的工作环境。

道琼斯可持续发展指数（Dow Jones Sustainability Index，缩写为DJSI）于1999年推出，是按行业划分的第一个可持续发展领先企业的全球指数。结果是该指数成为一年一度全球ESG趋势的脉搏。例如，2016年的结果评估表明，改善最大的领域是企业公民和慈善事业，而改善最小的领域是劳工实践指标和人权。2016年道琼斯可持续发展指数中的一些顶级公司包括LG电子（LG Electronics）、雅培（Abbott Laboratories）、索迪斯（Sodexo）、宝马（BMW）、瑞银集团（UBS Group）和雀巢（Nestle）等行业巨头。

由于资产管理者、金融机构、机构投资者和其他人依靠ESG评级来帮助他们做出投资决策，因此彭博ESG数据服务等第三方公司的评级在决定获取投资资本方面正变得越来越重要。

哈佛法学院公司治理和金融监管论坛制作了一份比较评级公司的指南。[40]其中有一家值得特别提及的公司是RepRisk，因为它的服务范围很广。该公司为全球34个行业的84 000多家私营和上市公司提供ESG报告。这些公司通过参与RepRisk的数据验证流程来获得评级。

通过这些排名和评级，我们可以看到所有规模的公司将其业务与教育、环境和减贫等更远大的目标联系起来——因为员工、消费者、客户和投资者都希望这样做。现在，员工、客户和外部影响者正在形成闭环，他们支持那些在三重底线基础上表现良好的品牌。社会影响力投资（social impact investing）的兴起进一步凸显了这种不断增强的意识——唤醒沉睡的巨人，这就是商业。现在，最大的投资机会属于那些能在产生巨大财务回报的同时，也能促进社会的福祉并在地球上留下尽可能少的足迹的公司。

企业社会责任指标如何改变世界

如果你的公司想成为行业内或其所在社群内的企业社会责任领导者，那么你应当考虑如何扩展内部指标的使用以实现共同利益，并提高你在一些最重要的客户、供应商和其他利益相关方的声誉。某些公司已经能够在其特定的行业中使用相关指标和评估方法，以创建新标准，从而推动创造可能在全球范围内发生的进步。

2017年，总部位于英国的跨国保险公司英杰华（Aviva）与多家合作伙伴联合推出了首个企业人权基准（Corporate Human Rights Benchmark，缩写为CHRB）——通过100项人权指标评估全球98家最大的上市公司。这项工作代表了公司核心竞争力的独特之处，即客户评估和承保。

企业人权基准涵盖四个主要产业领域（农业、服装、采掘业、信息和通信技术）。这项评级旨在利用每个部门内的公司竞争来鼓励人权状况的持续改善。

到2020年，英杰华打算扩大参与排名的公司范围，将全球500强上市公司都纳入其中。"企业人权基准将评估公司公开承诺背后的实际情况，"英国人权与商业研究所（Institute for Human

Rights and Business）的约翰·莫里森（John Morrison）说，"包括它们为应对负面舆情而采取的措施，以及它们为扩大规模所采取的合作方式。"

事实证明，透明度和竞争是推动各种企业社会责任领域"力争上游"的有力工具。乐施会（Oxfam）的"品牌背后"（Behind the Brands）倡议已经引起了十大食品和饮料集团的竞争，以消除对农村土地掠夺，提高妇女在供应链中的地位并减少碳排放。同样，"获取药物指数"（Access to Medicine Index）则促使制药业增加了罹患艾滋病、肺结核和其他可治疗疾病的穷人获得药品的机会。

以类似的方式，思爱普公司的子公司SAP Ariba已将其指标技术转变为打击非法贩运人口和强迫劳动行为的工具。"SAP Ariba的主要业务是通过供应链为客户节省资金，每年跟踪超过10 000亿美元的企业间交易。2015年，该公司与国际性非营利组织Made In A Free World 合作，为其全球云计算网络带来劳动透明度。"SAP Ariba的产品和创新副总裁帕德米尼·兰加纳坦（Padmini Ranganathan）告诉科技网站TechRepublic.com，"我们不仅要关注成本和赢利能力，还要注重行善及其产生的社会影响。我们可以在业务中产生势能。我们帮助创造这种影响——不仅仅是成本，还有影响力。"

专家估计，在当今的全球经济中，估计有2 000万～3 000

万名被强迫的劳动者。通过帮助客户监控并报告其采购情况和与ESG相关的问题，SAP Ariba创建了一个"良心市场"。买家和卖家在制造、捕鱼、棉花和可可等领域享受透明的劳工信息。

处于这些行业关键位置的公司可以将常见的第三方指标作为与其开展业务的公司的最低合规标准，从而显著放大其企业社会责任影响。例如，总部位于瑞士的瑞银集团在很多方面都是一家模范企业社会责任公司，在道琼斯可持续发展指数的多元化金融行业集团中排名第一。道琼斯可持续发展指数引用了瑞银的创新金融产品，并将该公司提交给全球报告倡议组织的报告视为"典范"。2016年，瑞银有约30%的员工（18 386人）从事过志愿服务，他们的志愿服务总时间为155 325小时。

但是，通过检查潜在客户和业务伙伴违反ESG标准的活动，瑞银显著扩大了企业社会责任的影响。例如，银行拒绝为参与制造或销售集束弹药和杀伤性地雷的公司提供信贷或与它们进行交易，以及拒绝与违反各种国际组织（包括联合国教科文组织和国际劳工组织）规定的行为标准的公司开展业务。企业在与瑞银开展业务之前，必须由第三方对其在以下领域的影响进行审计。

- 世界遗产地（联合国教科文组织）。
- 国际重要湿地（联合国教科文组织《拉姆萨尔公约》）。
- 濒危物种（CITES，即《濒危物种国际贸易公约》）。

- 高保护价值森林（森林管理委员会）。

- 童工（《国际劳工组织第 138 号和 182 号公约》）。

- 强迫劳动（《国际劳工组织第 29 号公约》）。

- 土著人民的权利（《国际金融公司的绩效标准 7》）。

　　金融是企业的生命线。当像瑞银集团这样的金融公司拒绝借钱给 ESG 表现不佳的公司时，企业社会责任就成为这些公司生存的关键。这个趋势已经很明显了。随着评估和比较两家公司的企业社会责任表现变得越来越容易，对社会不负责任的公司将发现自己在"善经济"中生存会越来越困难。

第六章

企业社会责任方兴未艾

保持冷静并继续前行。

——英国第二次世界大战励志海报

在2017年年初的一次采访中，马克·扎克伯格（Mark Zuckerberg）向《快公司》杂志透露了脸书公司不参与企业慈善事业的原因。

他说："许多公司用其一小部分资源来做好事，我希望脸书的核心使命是我们想要完成这样一个主要任务：让世界变得更加开放和相互联系。我们几乎将所有资源都用于此。"

当时，扎克伯格表示脸书所做的事本身就具有社会责任感，因为它在帮助人们相互联系。在他看来，脸书没有必要特意去做"回馈"社会的事情，因为对脸书而言，做更多的业务和做更多的善事是完全相同的。

这种态度可能有助于解释为什么脸书公司完全没有准备好应对2016年总统大选调查期间遇到的批评风暴。随着有关某些国家如何使用欺诈性脸书个人资料和广告来影响选民的更多细节被披露出来，脸书的广告活动被证明是在鼓励反社会行为。脸书的算法事实上奖励了那些内容能产生高"参与度"的广告客户，这意味着在总统竞选期间，发表骇人听闻的"假新闻"比发布更负责任的竞选信息要划算得多。那些充斥着诽谤、谎言和种族主义内容的煽动性广告享受了脸书的大幅折扣，因为它们能被广泛分享。

2017年6月，追悔莫及的扎克伯格宣布脸书公司正在放弃其创始使命宣言——"让世界变得更加开放和相互联系"，取而代之的是一个新的使命："让世界更加紧密相连。"他承诺加倍努力摆脱脸书在社交网络中的"坏演员"形象并转移其业务重点：建立社群，而不是将人们相互分开。扎克伯格说："我曾经认为，我们如果只是给人们发声的机会并帮助大家相互联系，就能使世界变得更加美好。但现在我相信我们有责任做更多事情。"

这一消息对于平息批评的声音并没有多大用处。脸书公司的领导层反应缓慢而笨拙，给人的印象是无法应对此次舆论危机。这家公司的第一任总裁是亿万富翁企业家肖恩·帕克（Sean Parker），他表示现在对自己早年曾加入该公司感到遗憾。他说："我不知道我是否真的理解了我所说的后果，只有上帝才知道它对下一代的心智有什么影响。"投资界人士呼吁，扎克伯格和他的团队应该辞职。

有史以来第一次有人建议让脸书公司接受政府监管。赛富时公司创始人马克·贝尼奥夫将所有社交媒体的社会危害与卷烟的社会危害进行了比较。参议员黛安娜·范斯坦（Dianne Feinstein）对脸书和推特的律师说："你们现在面临一个很大的问题。美国将成为第一个使你们注意到这个问题的国家，其他国家也会紧随其后……因为你们承担着责任。你们创建了平台……现在这些平台却被被滥用了，而且你们必须对此采取行动——要不然我们会采取行动。"脸书公司的前隐私经理撰写了一篇专栏文章，指出政府需要介入这一问题，因为"公司本身不会保护我们，并且我们的民主完全处于危险之中"。

脸书公司的动荡只是社会责任概念迅速转变为超越公司的理念的一个例子。2018年的大规模枪击事件让像沃尔玛和迪克（Dick's）这样的大型零售商受到质疑：向平民出售武器是否符合企业社会责任的价值观。几乎在同一时间，女性的#MeToo运动引发了如何应对职场性骚扰投诉的广泛评估。许多公司为此进行了一些制度调整，着力解决招聘、晋升和薪酬方面的问题，而女性在这些问题方面一向比较弱势。

这些事件生动地提醒人们，企业社会责任处于不断发展的状态，值得你睁大眼睛关注即将发生的变化。在本章中，我将重点介绍一些可预见的趋势，这些趋势可能会迭代我们近年来目睹的一切变革。本书中讨论的许多发展在获得主流地位之前五年或十年几乎是不可想象的。有什么样的绝妙想法和社会趋势将决定

2025 年及以后的主流商业形态呢？

今天的企业社会责任社群已经非常在行和专业了，似乎可以应对变革的挑战。然而，危险在于，企业社会责任也正在成为一个自我参照的社群，常常利用顾问、软件解决方案和行业协会的家庭式工作机构为复杂问题提供商业化和通用的答案。

企业社会责任正趋于制度化。其中的各种制度往往变化缓慢，也很少提出有关自身实用性的难题。作为一名企业社会责任的领导者，你的任务是抵制诱惑，不要在为企业社会责任合规而勾选各种方框的同时忽略未来潜在的种种变化。在为你的组织填写当年的企业社会责任报告时，请考虑下一年及之后一年可供报告的内容。

工作的未来

随着婴儿潮一代的退休和千禧一代越来越多地进入领导岗位，新一代年轻人在 2014 年开始进入职场。他们是"Z 世代"的成员，即 1997 年以后出生的职场新人。他们的态度在很多方面都类似于千禧一代，但他们更加独立，对权威不那么恭敬。当他们中的许多人还是孩子时，2008 年的那场金融危机使全球经济遭到重创，他们在以充满焦虑的经济复苏中长大。他们是互联网和全球经济真正的局内人。对于其他，他们知之甚少。

雇主在使用这种劳动力时面临着一些特殊挑战。千禧一代和

Z世代是"职业游牧民"，他们如果觉得自己的雇主没有为其提供一种目标感并公平对待员工，就会转向另一份工作。2016年两项不同的民意调查得出了关于30岁以下人群的相同结论——其中大约一半对资本主义有负面印象：资本主义使他们感到不公平、不人道并剥夺了太多人的基本需求。虽然这些人也不支持社会主义，但他们对自由市场的日常体验使其保持冷静。

在解决这些问题方面，谷歌是领先公司之一。该公司已经资助了10亿美元和100万名员工的志愿服务时间，以支持"为每个人创造更多机会"。谷歌还在为更大的经济流动性提供资金。谷歌正在资助一些组织利用技术和创新来培训员工掌握新技能，将求职者与高薪工作联系起来资助以及为低薪工人就业提供支持。它向美国领先的劳动力发展组织好意（Goodwill）等受资助者投资了5 000万美元。凭借1 000万美元的赠款和1 000名谷歌志愿者，该资助项目推出了好意数字职业加速器，帮助全美120万人学习和扩展他们的数字技能，增加就业机会。

同样，在德国、土耳其和约旦，谷歌正在与德国社会企业凯伦（Kiron）合作，通过在线学习及与当地大学的合作为难民提供数字技能培训。在法国，他们正在资助非营利组织Bayes Impact改进和扩展其开源软件，该软件使用大数据和机器学习来生成个性化的求职建议，以便人们可以找到与其技能相匹配的高薪工作。谷歌向致力于消除偏见和歧视的非营利组织捐赠了数百万美元，例如平等司法倡议、纽约非异性恋中心、石墙国家纪念碑和英国战略对话研究所。这些组织都在致力于促进创新手段来打击线上线下的极端主义和仇恨组织。

谷歌的企业文化鼓励员工通过内部电子邮件来表达自己的诉求，即使这意味着要挑战彼此的工作或批评公司的产品。这也是谷歌成为千禧一代喜欢的排名靠前的雇主的另一个原因，但这种做法引起了媒体中一些非常公开的辩论。一位男性计算机程序员在发布了一份批评谷歌多元化努力的长篇宣言后被解雇，他断言女性因为生理因素不适合编写计算机代码。另一位谷歌工作人员因电子邮件内容遭到抨击而被解雇，因为同事发布信息认为他正在表达白人至上主义观点。

不过，当超过3 000名谷歌员工签署一封反对该公司参与国防部项目的抗议信时，这一行动对高管人员产生了影响。员工们聚集在一起商议此事，谷歌的云首席执行官出面承诺，公司将起草一套新的道德原则来指导相关工作，并且在此之前谷歌不会再参与有关的国防项目。引人瞩目的是，在有关各方确立任何此类原则之前，该高管已经为承包国防项目而道歉。

这是年轻员工将高管人员唤醒到新现实的又一个案例。如果它有可能发生在像谷歌这样排名靠前的雇主身上，任何人就都有机会遇到这种情况。避免此类危机的唯一方法是在一定程度的包容和透明度（目前很少有公司能够适应）的基础上事先与员工进行协商。例如，华盛顿老牌律所尼克松－皮博迪（Nixon Peabody）的年会现在就向所有员工开放，而不仅仅是合伙人。而且，哪怕是帮助确定办公室布局的设计委员会，也要包括律师、律师助理和接待员等各种员工代表。

年轻员工所提出的想法重新定义了空间。所有办公室的规模都完全相同——无论是高级合伙人、初级员工还是律师助理。根据《华盛顿邮报》的说法，每个办公室都需有玻璃墙，让光线照亮所有的地板，"以此表明透明、民主和连接"。角落空间曾经是具有较高地位的合伙人的办公位置，向来令人羡慕，而在这家律所，这种空间现在被设计为整个团队的会议室。

尼克松－皮博迪律师事务所的首席执行官安德鲁·格林彻（Andrew Glincher）告诉《华盛顿邮报》："几年前，律师事务所合伙人的态度是'千禧一代必须像我们一样'。但很快，他们意识到千禧一代不会跟我们一样，我们需要适应他们。我们需要对新想法持开放态度并敏锐地意识到千禧一代的动机，特别是当我们想吸引和留住顶尖人才之时。"

尼克松－皮博迪律师事务所办公区域重新设计的成功始于其咨询每个员工的过程，这让每个人都感觉他们的声音被听到了。年轻员工所珍视的价值观包括就如何将它们付诸实施征求大家的意见，但并不是每个人都能理解这一点。

玛氏公司是世界上最大的私营公司之一，在与规模较大的组织中的工人共情方面提供了一些优秀的示例。例如，该公司雇用盖洛普（Gallup）进行玛氏公司年度参与度调查，以衡量员工的敬业程度并探索需要改进的不足之处。监察员计划为员工提供"机密、中立和替代的沟通渠道，以便交流职场中的问题或疑虑"。玛氏公司的所有办公室都是开放式设计，透明度和协作的价值观在其众多企业传播活动中反复出现。最重要的是，玛氏公司表达了对员工的信心："我们的员工最了解公司的业务——相信他们会告诉我们某些做法是否有效。"

玛氏公司在倾听员工的意见方面下了很大功夫，因为唯一可以确定员工认为自己得到公平对待的方法就是以各种方式征求他们的意见。随着越来越多的员工来公司上班并期望在他们的角色中获得平等和目的感，雇主应该不断提高透明度和言论自由度，不断超越过去常见的水平。

近年来，薪酬透明度作为一个性别平等问题出现了，人们关注它是为了确保公司不会歧视性地向女性员工支付比男性员工更少的薪水。但早在1986年，有机食品超市全食（Whole Foods）公司的创始人约翰·麦基（John Mackey）就预见到了公开个人薪水的可持续性好处。他在《解码公司》（*The Decoded Company*）一书中表示："你如果想创建一个高度信任的组织或一个人人为我、我为人人的组织，就不能有秘密。"

这种实验已经持续多年，特别是在技术公司中。Buffer是一家社交媒体管理机构，该公司的薪酬极为透明，公司网站上公开提供所有工资和用于确定工资的公式。

Buffer公司此举的实际目的是吸引和留住具有共同价值观的员工。正如Buffer联合创始人利奥·维德里奇（Leo Widrich）在博客中所写的："有一天，我采访了一位工程学专业的求职者，我问他'你为什么想在这里工作？'。他说，'因为我对你的公司的了解比对自己目前供职的公司的了解要多。这就是我想在这里工作的原因！'"

薪酬透明度并非昙花一现。这是一种日益流行的趋势，是新一代员工对传统管理实践的普遍不信任和怀疑的象征。传统的自上而下的层级结构正在让位于"自组织"的工作结构，这种工作结构更灵活，能适应不可预测的变化。职场控制的趋势是趋向于采用更透明、非正式和协作的形式。诸如开放和言论自由等价值观在这种"自组织"的公司中往往会受到重视，甚至被认为是必要的。

"合弄制"（Holacracy）一词的出现是为了描述一种在其权力结构中既"整体"又"民主"的组织形式。采用合弄制管理模式的雇主部分受到工程"skunkworks"（洛克希德·马丁公司旗下的臭鼬工厂）和敏捷软件开发等协同工作场所的成熟模式的启发，为每个人提供了领导机会，放弃了强调资历和严格的上下级关系的旧模式。

在合弄制管理模式下重组业务最著名的公司当数网络鞋类零售商美捷步（Zappos）。这家公司内部没有职位名称，经理人也不会在自上而下的孤岛中分工。相反，被称为"圈子"的流动团队会对那些需要完成的任务做出响应。每个员工可能在多个圈子中拥有不同角色，而不是被安排在部门内的单个职位上。

美捷步的员工应该在他们的圈子中发挥领导作用并充当解决问题的企业家。他们每个人都放弃了拥有独特职位名称所带来的安全感和权力。他们获得的回报是千禧一代和其他年轻员工认为最重要的东西：日常工作中的意义和目的感。员工可以更全面地了解公司，并可以灵活地通过某种反映他们的才能和激情的方式做出贡献。每天的重点是不断提升自己，决策过程中没有层级官僚机构的审批，文书工作也因此减少。

目前，六大洲有近100家公司正在实践合弄制管理模式，其中较大规模的例子包括印度尼西亚的Heavenly Nutrition、乌干达的社会创新学院、瑞士的洛桑商学院、美国保险公司Mylo、荷兰在线零售商bol.com以及俄罗斯金融服务公司Tochka。在确定正确的薪酬和寻找在这样的环境中茁壮成长的员工方面，合弄制提出了一些独特的挑战。美捷步公司首席执行官谢家华（Tony Hsieh）认为，这些挑战值得克服，因为对于美捷步公司适应其行业快速变化的能力而言，合法性至关重要。他引述了《物种起源》中的表述："不是最快或最强，而是最适应变化的物种会最终存活下来。"

商业的未来

在不久之前，表露出超越利润的经营目的对消费品公司来说还是一个颇为新颖的理念。现在，随着千禧一代接近购买力的高峰，商家需要做出更多的努力去细分市场上的消费者需求。由于消费者对企业社会责任的期望不断提高，了解领导者在与客户建立联系时如何找到竞争优势就变得至关重要。

在加利福尼亚州的奥克兰，一家名为 Give Something Back 的办公用品公司以其公司名陈述使命。该公司成立于2008年，以保罗·纽曼（Paul Newman）创立的食品公司纽曼私传（Newman's Own）为标杆，这家食品公司捐赠了所有的税后利润。Give Something Back 也将大约3/4的利润捐赠给当地的社群，通过投票流程选择受益人，投票面向公司的13 000名客户和80多名员工。

Give Something Back 采用了许多明显的可持续性措施，这些措施符合大众对那些声称拥有更高目标的公司的期待。公司总部的屋顶上有一个50 000瓦的太阳能发电场。这家公司提供各种再生和绿色产品，主要运行碳粉回收项目。该项目一方面回收客户的旧计算机和其他电子设备，另一方面又将它们捐赠给工作再培训计划。

然而，值得注意的是，Give Something Back 不会指望你为做正确的事而多付一点钱。相反，它承诺节省："超过50 000种产品，物美价廉。"许多提供可持续产品的零售商被迫收取溢价，因为它们不具备大众市场竞争者应有的规模。Give Something Back 不是这样的。该公司称："凭借较低的管理费用和更智能的采购系统，我们的价格始终低于大型连锁商店。"

Give Something Back 现在是加州最大的一家独立办公用品公司。其主要竞争对手史泰博（Staples）的美国零售部门正在挣扎着关闭门店，而亚马逊也在收缩其在线销售战场。想一想。你的组织是否已准备好迎接这一天——竞争对手能够削弱你的价格，同时还能让客户感觉他们正在帮助他人甚至是拯救地球？

似乎每天都有公司将消费品牌推向更深层次的意义和重要性。健康零食公司 Kind Snacks 由丹尼尔·普比兹基（Daniel Lubetzky）于 2004 年创立，他是一名大屠杀幸存者的儿子，丹尼尔的父亲热衷于让世界变得更美好。Kind 营养棒是健康的零食，原料在地球上很容易获取，但丹尼尔将这种"仁慈"（Kind 的中文意思）带到了另一个层面，援引公司的名称来实现更高的目标。

丹尼尔·普比兹基的第一个企业叫作和平事业（Peace-Works），公司旨在促进犹太人和阿拉伯人在可持续商业项目中的合作。此后，KIND 基金会启动了一个名为 Empatico 的雄心勃勃的项目，该项目提供免费的视频会议工具，以此帮助教师们将自己的学生与世界各地的课堂联系起来。

诸如此类的商业引导活动将继续获得动力和启发，因为越来越多的人认为近年来大型可持续发展倡议的影响和相关性一直在下降。人们越来越认为政府、大学和基金会等传统机构在气候变化、社会正义和经济机会等重大问题上做得不够。尽管这些机构在不断推出新的举措，但情况要么没有改变，要么变得更糟。

就预测新的企业社会责任领导力可能出现在哪里而言，今天尚处于边缘的商业势力最有动力成为未来最有权威的发声者。例如，中国面临着来自空气污染的严重公共健康威胁，政府已经制定了严格的监管措施，深刻影响了制造业的排放，从而推动着传统制造业向智能制造升级。中国还制定了逐步淘汰燃油汽车的严格的时间表，这立即使一些新兴公司成为电动汽车技术的领导者。

而且，中国新一代的百万富翁和亿万富翁正在崛起，他们建立了很多新的慈善机构和基金会。在未来几十年，中国在企业社会责任领导方面可能会超越西方慈善事业，而且中国的后石油经济可能在扭转气候变化和减少贫困方面起到领先作用。

刘强东是中国第二大电子商务巨头京东的创始人。他为人谦逊，同时拥有雄心壮志，于2018年3月宣布，该公司正加大在中国贫困地区建立物流设施的力度并为当地农产品打造品牌，以减少贫困和饥饿，同时创造就业和商机。这家市值640亿美元的公司2014年就在纳斯达克上市，其成立至今才刚过二十年，它同时也在改变着整个商业世界和企业社会责任。

与京东同龄的腾讯控股（Tencent Holdings）是全球最大的投资公司，价值6 000亿美元，现在通过其微信社交媒体平台每天连接超过10亿中国消费者。2015年9月9日，该公司推出了腾讯99公益日，9在中国文化中喻示着吉祥。到2017年9月，这一年度活动通过众筹、自己的基金会和企业筹集到了超过2亿美元的捐款，这笔善款使教育、医疗援助及扶贫等领域的6 400个慈善项目受益。

新的革命性解决方案源于新技术以及需求最急迫的地方。美国的一个基金会正在测试肯尼亚普遍基本收入的概念，通过手机付款可以帮助实现这种实验的可行性。一个高科技的高强度温室养殖系统使荷兰这个规模不大的国家成为世界第二大食品出口国。在此过程中，荷兰农民对水的依赖程度降低了90%，几乎完全消除了化学农药的使用，并将农场动物的抗生素使用率降低了60%。

这种变化或许说明了我们多么需要全新的生活方式来应对地球所面临的日益严峻的ESG挑战。总部位于伦敦的咨询集团Volans在其报告中写道："人们越来越多地认为，到2050年，在一个拥有70亿且正向100亿人口迈进的世界中，我们目前的经济体系的关键部分是不合适的。"该公司认为，这些变化代表了颠覆性技术的突破、新颖的商业模式以及Volans所称的"指数思维模式"，这种思维模式"偏离了……可持续性就是放慢速度并将成本视为加速发展机遇的成本。"[41]

这种对可持续性的重新定义，预示着那些能够快速行动并找到机会和创新动力的公司未来注定会成为各自行业中的市场领导者。一项对联合国可持续发展目标的研究预测，到2030年，在健康、农业、能源和交通等领域实现这些目标将产生12万亿美元的收入和储蓄。[42]

在Volans网站上的众多鼓舞人心的故事和便利工具中，有一个可下载的演示文稿，名为"突破性的宣传：如何扩展企业高管的可持续发展目标"。[43]该文件对如何设计和制作可持续的商业战略案例提供了分步指南，这些商业战略有利于让那些进行破坏性和指数性思维的公司获得更加渐进的解决方案。

诺和诺德（Novo Nordisk）是胰岛素和其他糖尿病药品的领先制造商，被视为突破性思维的典范。该公司虽然已从全球糖尿病病例的快速增长中获益，但也投资了糖尿病预防项目。2015年，当时的首席执行官索文森（Lars Rebien Sørensen）告诉他的员工："我们如果最终治愈糖尿病，尽管这会摧毁我们现有业务的很大一部分，但仍会为之感到自豪，你也不用担心找不到工作。"

治理的未来

沃尔特·艾萨克森（Walter Isaacson）在15世纪的艺术天才莱昂纳多·达·芬奇（Leonardo Da Vinci）的传记中描述了在米兰公爵卢多维科·斯福尔扎（Ludovico Sforza）的宫廷中，艺术家们的天才是如何得到培养和激发的，"莱昂纳多找到了一些朋友，他们可以通过碰撞彼此的激情来触发新创意的火花"。

在管理变革方面，数字的力量和积极的创造力在与志同道合的领导者的整合中积累。自15世纪以来，我们的世界已经大大缩小，现在这个星球的未来取决于商界领袖们挑战彼此的想象力，就像很久以前的米兰侍臣一样。

现在一个令人瞩目且星光熠熠的协作平台是B-Team，这里聚集了一小群商业领袖，它旨在利用资本主义的力量创造可持续发展的未来。B-Team由亿万富翁理查德·布兰森和前彪马公司首席执行官约亨·蔡茨（Jochen Zeitz）共同创办，其成员包括联合国基金会的凯茜·卡尔文（Kathy Calvin）、开云集团的弗朗索瓦–亨利·皮诺、奢侈品集团、媒体企业家阿里安娜·赫芬顿（Arianna Huffington）、塔塔集团的拉丹·塔塔（Ratan Tata）、电信亿万富翁莫·伊布拉欣，和中国远大集团的创始人张跃。

在其网站上，B-Team解释了这个名称的起源："计划A（公司仅受利润动机驱动）已经不再被接受了。现在是实施B计划的时候了。"

这项任务隐含着一个简单的事实，即地球不能被少数几个行使良好公民身份的公司所保护。这个星球必须为全球经济中的所有公司筹集资金。B-Team取得的成就包括：

- 帮助启动"全球受益所有权注册"（Global Beneficial Ownership Register），该项目旨在消除用于隐藏资产的空壳公司。

- 赞助 100% Human at Work 倡议，以培养更加人性化的工作环境。

- 加入自然资本联盟（the Natural Capital Coalition），制定一套标准的自然资本协议，使各种公司都能衡量自己对自然资源的影响和依赖性。

- 鼓励名为"Born B"的企业家和商业领袖的运动，致力于从一开始就与人、地球和利润保持一致，推动他们的公司发展。

B-Team还致力于推动更加普遍的可持续发展。2015年，该组织在巴黎举行的COP21（Conference of Parties 21，即气候变化大会）上倡导了一项雄心勃勃的气候协议，10名B-Team成员承诺，他们的公司（包括开云、蒂凡妮、联合利华和维珍）到2050年将达到零净温室气体排放。

在我看来，B-Team是那些不太负责任的企业对我们的社会和地球构成的威胁的重要解毒剂。它代表了一个转折点，其中一小群强大的梦想家设定了新的道德责任标准并将其与行动结合起来。随着这一团队及其工作获得赞誉和支持，B-Team对新一代客户和员工的雄心壮志的吸引力可以帮助团队将其业务扩展到解决最真实和最具有威胁性的问题。

B-Team是一个小而灵活的组织，这允许它随机采取行动并产生影响。[44]另一方面，它如果有演变为排他性团体趋势的话，就有可能成为与日常生活分离的私人俱乐部。B-Team 的领导者的运营水平远高于同行。如果普通的公司治理没有做出更好的改变，那么 B-Team 的愿景将只会停留在纸面上。

这就是我对 2016 年《公司治理的常识性原则》（Commonsense Principles of Corporate Governance）感到非常鼓舞的原因，这一原则是由摩根大通、伯克希尔哈撒韦、威瑞森（Verizon）、先锋集团（Vanguard）和贝莱德等美国商业巨头联合发布的。[45] 这些发声者虽然不是像理查德·布兰森和阿里安娜·赫芬顿这样的名人，但它们代表了世界上最大的资产管理机构、公共养老基金和共同基金公司。它们决定着大量资本流动，掌握的资本强大到决定着地球的存亡。值得注意的是，它们认为公司结构需要进行根本性改变，以防止我们继续走向毁灭之路。

商业巨头们的这一系列常识性原则建议董事会提高透明度和多样性、今后要避免对短期结果的过分关注并强调对长期可持续性的发展。例如，这些常识性原则不鼓励公司提供季度收益报告，除非这些报告对股东有利。它们倡导董事会能不受任何约束地进入整个管理团队，同时还强调了向更全面的治理多元化标准的转型。

这些原则涵盖了董事会组成、董事责任、股东权利、公开报告、董事会领导、管理层继任计划和管理层薪酬等治理主题。它们最终重点关注的是采取长期战略观点，避免跟风，短期主义和非必要活动的重要性。

这些原则并非天马行空，浮华空泛。它们包括了如下这些现实世界中的措施，借此可以预测在不远的将来会出现什么样的常态。

- 董事会不应该感到亏欠首席执行官或管理层，因为真正独立的公司董事会对有效治理至关重要。
- 多元化的董事会才能做出更好的决策，因此每个董事会都应该拥有具备互补和多样化技能、背景及经验的成员。
- 人们的智慧和判断力会随着经验的积累与任期的增长而提升，而整个组织对于新董事会成员的新思维和观点有着热切的要求，这两者间的平衡很重要。
- 每个董事会都需要一个独立于管理层的强有力的领导者。董事会的独立董事通常是评估董事长和首席执行官的角色适宜分开还是合并的最佳人选；董事会如果决定合并这两个职位，就必须有一位称职的独立董事，并且对其权力和责任要有明确的界定。
- 金融市场对每季度的盈利预测过于痴迷。公司不应该认为自己有义务提供赢利指导，即便要这样做，也只有在它们认为提供此类指导对股东有利时才可以。
- 有效的治理需要公司与股东之间的建设性接触。那些在对长期价值创造很重要的代表性问题上做出决策的机构投资者，应该有权进入公司及其管理层，在某些情况下，甚至还可以进入董事会。同样，公司及其管理层和董事会应该能够与机构投资者就这些问题达成最终决定。

这些原则的完整内容可在GovernancePrinciples.org上获得。这些所谓"常识性"原则的非凡之处在于，其中一些放在几年前可能很难成为主流思想。企业社会责任需要从根本上采用不同的治理方式，它的崛起并非巧合，可能与全世界对社会责任治理的兴趣不断提高相关。

要感谢企业社会责任，其中的许多常识性措施现在正好赶上了不断变化的现实。不久之后，缺乏多样性的董事会将变得像交换机和秘书室一些稀少而成为古老的商业概念。世界上最大的资金管理公司贝莱德在2018年制定了一项新标准：它所投资的公司应该至少有两名女性董事。[46]许多州的养老金理事会威胁要对所有妇女和少数民族成员数量不足的董事会投反对票。纽约养老金理事会基金是美国第三大养老基金，2018年，该基金宣布它将反对参与选举的所有成员均为男性的董事会。在此之前的一年里，这个基金握有400多家没有任何女性董事的美国企业的股份。[47]

同样存在问题的是那些由不同类别的股本管理的公司，因此这些上市公司的控制权仍然掌握在少数人甚至一个人手中。加利福尼亚州教师退休系统（CalSTRS）声称脸书公司的许多问题都源于其双级股权，该股权结构为创始人兼首席执行官马克·扎克伯格提供了60%的投票权。"为什么扎克伯格先生需要一个双级结构？"这个系统的一位官员问道，"是不是因为他不希望脸书的治理随着公司其他部门的发展而规范起来？如果是这样，这个'美国梦'的化身现在就处在独裁统治之下。"[48]

脸书的问题指出了一家公司在不改变其管理结构的情况下摆弄其使命宣言和目的的潜在危害。麻省理工学院《斯隆管理评论》（*Sloan Management Review*）的执行编辑布鲁斯·凯伦（Bruce Kiron）写道："任何企业目的，无论其使命是多么崇高或值得赞美，都必须伴随着强有力的治理。即使管理动机是真实的，没有治理的目的也会出错……企业目的的实现需要稳健的强势治理，以确保在道德和法律的范围内正确地实现既定目标。"

GovernancePrinciples.org是一个很好的参考工具，你可以在使用企业社会责任工具箱和继续公司的企业社会责任之旅时使用它。你如果是公司或非营利组织的董事会成员，最好注意这些发展。如果不是，你仍然可以随时了解这些发展情况，以便根据自己的目标来设计项目并为组织的高层成员提供建议。作为组织中企业社会责任的代言人，你很自然地要为公司未来和可持续成功的前景发声。

第七章

善经济的未来

我们必须做出选择：是要一个算计短期利
润并由此推动的全球市场，还是要一个人
性化的全球市场。

——科菲·安南（Kofi Annan）

2017年11月，英国政府绿色金融小组（Uk's Green Finance Task Force）主席罗杰·吉福德（Roger Gifford）指出，"绿色金融"一词可能要被淘汰。气候变化暴露出来的风险正成为贷方和投资者普遍关注的问题。"从住房贷款到风险投资和基础设施投资，"他写道，"绿色意味着利润的降低和气候风险的缓解。从这个意义上来说，绿色金融与常规金融没有什么不同——我们甚至不会区分二者。"

我们对LEED（能源和环境设计领导力）认证的建筑设计也进行了类似的观察。LEED认证曾经是一个有点曲高和寡的高端评价体系，现在LEED的许多方面已成为主流实践。LEED的支持者表示：让整个设计和建筑行业走向可持续发展才是LEED真正的意图。

企业社会责任要素的这两条行动路线预示着社会责任将不可

避免地融入共同的商业实践中。所有公司都注定要在不久的将来注重对社会负责，因为对社会不负责任的公司会发现自己孤立无助，它们将无法吸引客户、员工、供应商和投资者。

我强调了领导力在确定实现这一目标的路径方面的重要性。未来，公司要真正响应所有利益相关者的需求，这需要商业领袖成为社会责任理想的"布道者"。布道者（evangelist）这个词来自古希腊语中的信使（messenger，它们的词根都是angel）。传播社会责任的领导者能够在整个组织中传达社会责任的相关信息，使每个人都付诸行动并为实现其目标调动资源。

在本书的最后一章中，我想告诉你我眼中真正的企业社会责任传播者的主要特征，并提供一些体现这一愿望的领导者的例子。他们都使自己的机构更接近规范标准——一种更新颖、更有抱负的正常标准。他们展示的特征并不是一个待办事项清单，而是提醒我们，在企业社会责任中，我们的目标是什么。

宣告你的价值观——科菲·安南

在减除贫困问题上，联合国近年来通过充当商界和国际社会之间的渠道取得了巨大进展。从2000年开始，在时任秘书长科菲·安南的领导下，联合国发起了全球契约和千年发展目标（Millennium Development Goals），以帮助消除世界各地的贫困。到2015年，全球贫困人口减少了一半，这在很大程度上要归功于中国经济的崛起和全球化的经济包容性影响。

然而，正如安南指出的那样，如果全球化只能为公司股东带来利益，它就不可持续。他说："我们必须确保全球市场融入广泛的共享价值观并反映全球社会需求的实践，还要确保全世界所有人都能享受到全球化带来的好处。"

没有这些共享的价值观，企业社会责任合规就没有多大意义。因此，联合国全球契约中的领导责任十项原则很重要。这些原则涉及人权、劳工权利、环境、贿赂和政府腐败问题。它们来自其他先前制定的标准，例如《世界人权宣言》（Universal Declaration of Human Rights），提供了一种普遍的行为准则，所有利益相关方都互相尊重和享有尊严。

当联合国发布17个可持续发展目标（SDGs）和169个具体可衡量的进展目标时，它为企业和政府提供了一套宝贵的合作指导方针。同时，很容易看出那些没有真正承诺企业社会责任的公司是如何利用可持续发展目标"漂绿"自己的。这些公司可以吹嘘他们对四五个可持续发展目标做出了贡献，同时悄悄地允许公司的经营活动与其他十二三个目标相违背。如果价值观和原则缺失，企业社会责任就有成为门面装饰品之虞。

随着世界总人口向80亿逼近，联合国、世界经济论坛和其他全球机构正在努力应对这种增长所带来的挑战——从食品到健康、教育、能源，再到水和气候变化——所有这些对发展中国家人民的影响最大。贫富差距是世界稳定的主要威胁。

　　与此同时，世界也充满了机遇。在达沃斯举办的2017年世界经济论坛上，商业和可持续发展委员会对四个主要经济部门（食品和农业、城市和流动、能源和材料以及健康）的审查揭示了可能带来的商业收入和节流的机会。到2030年，这些行业价值将会超过12万亿美元，约占GDP预测值的10%。[49]

　　安南的观点是乐观的，企业和民间机构都拥有足够的技能和资源来建设一个更具可持续发展未来的健康的全球社群。这种未来取决于更加人性化的经济。这种经济体现了超出劳动力和材料价格的真正商业成本，更多包括它对人类、社群和地球的影响。人们对股东价值和股票价格的短期痴迷意味着，如果价值观没有产生重大变化，即关于重要事项的内部共识，那么所有公司都注定要失败，无法确保其长期成功和生存。

重新思考你的文化——陈一丹、马化腾

　　中国历史上并没有太多的慈善文化传统，至少从西方认识的现代慈善形式来看是如此。但是，中国有一家大企业正在帮助改变这种状况。

　　如前一章所述，腾讯是一家社交媒体公司，其微信平台拥有10亿用户。该平台结合了瓦次艾普、脸书、照片墙、推特和色拉布的功能，这些功能也链接到客户的银行账户。通过微信应用程

序，客户不再需要携带信用卡、地铁卡或现金。

2008年，中国汶川地震造成数万人死亡，使四川省的大片地区成为废墟。腾讯设法与其用户一起开展救援工作，并向受灾地区提供物资和捐赠。这是该公司慈善事业的转折点。面对巨大的灾难，联合创始人陈一丹和马化腾常常问自己还能为赈灾做些什么。

今天，作为该公司的移动和桌面端捐赠网站，腾讯公益拥有1亿用户，他们迄今已捐赠2.5亿美元，平均每人2.5美元。腾讯还推出了慈善步行项目：步数可以记录在移动设备上，然后项目方据此自动从参与的企业中提取相匹配的资金。腾讯广受欢迎的电子支付系统允许向全球24 000种不同的议题项目提供低于1美元的小额捐款。客户甚至可以通过阅读有声读物中的故事为盲人"捐赠"他们的声音，这是除了2015年推出的非常成功的腾讯99公益日和之前提到例子之外的公司慈善创新行动。[50]

腾讯公益正在利用技术以与用户产生共鸣的方式发展新式慈善概念，这反过来又推动了中国慈善机构和其他非政府组织的变革。腾讯公益平台上的资金竞争导致这些组织的实践和透明度得到改善。马化腾和陈一丹还发起了自己的个人慈善事业，捐赠了数亿元投入教育奖励和助学基金，此举当时在中国新超级富豪中是相当罕见的做法。

企业社会责任不可避免地改变了文化，并且让文化越变越好。

对我而言，腾讯的例子提醒人们，当企业社会责任成为主流文化的一部分时，企业社会责任的概念就开始消失，不再孤立。改变文化确实很困难。企业社会责任的工作往往涉及改变"一直以来的事情"，并将其转向新的更高目标。随着这些新的行为规范得以实现，正如腾讯在中国一样，我们就很容易看出新增长的可能性是如何迅速扩大和发展的。

提高标准——保罗·波尔曼

2017年12月，快速消费品巨头联合利华推出了花漾星球（Love Beauty and Planet）品牌，这是一系列利用可持续成分及包装材料开发的护发、造型和身体护理产品。这一品牌采用了大量的创新成果，所有成分是100%植物性的。该系列的护发素采用专有的快速冲洗技术配制而成，可在10秒内冲洗干净头发，从而减少淋浴时的用水。产品标签在淋浴时不受影响，但在回收设施中受热会自动脱落，方便回收。

花漾星球是联合利华可持续生活计划的一部分，该计划是其减少环境影响和吸引那些消费选择受可持续性驱动的年轻人的蓝图。该计划于2010年启动，旨在将联合利华的销售额翻番，同时将产品的环境影响减半，提高食品的营养水平，并使公司供应链中的小型经销商、农民和其他供应商参与进来。

联合利华首席执行官保罗·波尔曼是可持续发展的布道者，

为联合利华的企业社会责任工作奠定了基调。他在接受采访时说："当你看到我们必须解决的挑战时，'过于雄心勃勃'这个词就不存在了。我们一直拥有雄心壮志，这让我们走出了舒适区。"

他向商界的同行们提出了同样的挑战，并继续提高可实现目标的标准。他说："我认为我们的信托义务不是将股东放在第一位，而是恰恰相反。我们坚信，我们如果专注于改善世界人民的生活并提出真正可持续的解决方案，就会更加与消费者和社会保持同步，这最终将带来良好的股东回报。你为什么要投资一家与社会需求不同步的公司呢？这种公司既不认真对待供应链中的社会责任，也不考虑外部成本及对社会的负面影响。"

对我来说，波尔曼就像摇滚明星一样。他认为，除季度收益报告和底线之外，在管好短期的实际业务的同时，他还有一个更有抱负的长期目标。他能够在自己的领导过程中向上看和向前看，不像那么多的首席执行官低着头只关注每季度的报表，他们这么做是因为害怕被其他目标绊倒或偏离正轨。

波尔曼说："好的首席执行官，将来需要安心地和多个利益相关方合作，也需要知道如何与他们合作，以及如何协调他们推动事情向前发展。这是一条漫长的学习曲线，因为没有人接受过这方面的培训……必须要小心，你无须事事都涉足，因为世界有很多问题，[你必须]确保你所参与的主题与你的商业模式有关，并且你要保持专注。"

根据我的经验，你知道自己会在什么时候见到一位有远见的领导者。他们很好辨认，而且其布道者的特质保证了他们及其周围的人都拥有更崇高的使命和更伟大的目标。他们会启发其他人随其前进。

他们也很乐意在大多数时间单独站出来——因为领导可能是孤独的。波尔曼在金融界遭到了严厉的批评，有人认为联合利华在企业社会责任方面的努力仅仅是"自我感觉良好"、却会损害赢利能力的举措。波尔曼指出："[在联合利华]，可持续生活计划就是我们的商业模式。因此，我们花了大量时间向投资者解释。每个人都在投资社群吗？不，期望人人做社群投资永远是一厢情愿的。但投资者将在我们正在做的事情的基础上越来越重视我们的业务。"

波尔曼的观点是，为了确保联合利华的长期可持续性，当下必须采取行动。这种领导者不一定期望他们能从自己的勇敢努力中获得全部利益。正如老话所说，人们应该播下树种，即使你知道自己可能活不到足够长的时间来享受树的阴凉。而我们的教训是要不断播下种子，不断提高底线标准。保罗·波尔曼这种风格的领导力就是对其公司的嘉奖。

人才投资——杨敏德

你可能没听过杨敏德（Marjorie Yang）的名字，但很可能已经穿过她的工厂生产的衣服。她是香港溢达集团的董事长，该集团是全球纺织品和服装制造商，每年为包括盖普（Gap）、耐克、巴塔哥尼亚、拉尔夫·劳伦（Ralph Lauren）、雨果博斯（Hugo Boss）和汤米·希尔费格（Tommy Hilfiger）在内的品牌生产超过1.1亿件衬衫。

溢达集团是纺织行业的企业社会责任领导者。这个行业在劳工待遇方面往往声誉不佳。在访问该公司位于广东高明最大的工厂时，你可能会认为你找到了工人的"乌托邦"，不仅因为那里拥有最先进的技术，而且员工福利好，工厂里还有学校和诊所。在过去十年中，该厂把能源和水的消耗量减少了一半。自动化生产提高了效率和产品质量，使工厂能够支付比附近其他服装制造商更高的工资。

我在佳士得推出绿色拍卖会时第一次见到杨敏德。她是佳士得亚洲顾问委员会的成员，该委员会成员还包括其他知名人士，如男爵夫人丽迪娅·邓恩（Baroness Lydia Dunn），大卫·李（David Li）和罗伯特·曹（Robert Tsao）。从一开始，杨敏德就很高兴地支持我和我们未经测试的创意。

杨敏德的决心和对开明商业实践的个人承诺传播甚广。2014年，她和她充满活力的女儿潘楚颖（Dee Poon）一起推出了"聚集对话"项目，将溢达集团的影响力传播到了远远超出纺织和服装业的领域。这个年度活动召集来自不同领域的思想领袖和专家，汇集他们对可持续发展相关主题的见解和观点，包括制造、建筑和施工、产品和技术、文化和旅游等。在2015年的活动中，我有幸与苏珊·洛克菲勒和戴维·洛克菲勒（David Rockefeller）就慈善事业进行了一场炉边谈话。与其他300位嘉宾和媒体的对话，使我们能够思考可持续发展的未来以及如何实现环境与社会和谐相处的经济进步。

在杨敏德的领导下，溢达企业社会责任部门在公司战略上占据着重要地位。该部门负责为首席执行官和其他高管人员在缺乏严格遵守国际劳工标准的业务风险方面提供建议。这种方法非常符合利益相关者的利益，这些利益相关者包括员工、客户和环境。企业社会责任部门会关注客户对环境影响及工作场所健康和安全的担忧。杨德敏及她的同事要求其供应商也一起承诺以合法和道德的方式运营业务。溢达集团的行为准则涵盖了供应商的行为及其专有设施。

正如溢达官网的主页所述："在溢达，我们并未将企业社会责任视为一种防御性策略，以应对国际上对低成本劳动力地区工作条件的批评。相反，我们想树立一个积极的榜样，证明一家公司既可以赢利又可以致力于可持续发展和员工福利。除了内部审查和托管众多消费者审计之外，溢达还为员工提供有关劳动力、环境、健康和安全标准的长期培训。"

杨敏德继承了溢达这个家族企业，并领导其营业额的增长（2008—2014年其收入翻了一番，达到14亿美元）以及作为企业社会责任领导者的发展历程。"我们的行业面临着很大的压力，许多制造商认为可持续性只是企业为了展示一种形象。"杨敏德在公司会议上曾说过，"我的父亲创立了这家公司，也是他教会我：当你经营一家公司时，你必须对环境和社会负责。"

突破界限、持之以恒——奥普拉·温弗瑞

很少有人比奥普拉·温弗瑞（Oprah Winfrey）更能克服儿时的逆境。她出生在密西西比州的农村，母亲是单身妈妈，她在九岁时被一名十几岁的堂兄强奸，并在这之后遭到叔叔和她家的一位朋友的性虐待。此后，她从位于密西西比的祖母家搬到了密尔沃基的寄宿家庭，与她的母亲住在一起，然后和她的父亲一起去了纳什维尔。

田纳西州立大学的奖学金让奥普拉成了当地的一名新闻播报员，这成就了她之后的脱口秀节目。该节目从1986年一直播出到2011年，也使她成为全美最有影响力的人之一——据估计，她的身家达到30亿美元，让她成了有史以来最富有的非裔美国人。

奥普拉就是这样一个模范，在遭受了可怕的不幸之后，这些经历让她变得更加坚强并对事情持之以恒。她让一个长期以白人男性主导的脱口秀节目取得了前所未有的成功；她用图书俱乐部的巨大成功反驳了印刷出版业濒临灭亡的现实；她通过肯定专业健康减重机构慧优体（Weight Watchers）的产品和服务，成为其

最有影响力的投资者和发言人。

曾经被视为"全能媒体女王"的奥普拉成功地成为商界、媒体、慈善事业、政界的宠儿和布道的力量。这位艾美奖和奥斯卡获奖者致力于讲述受压迫者和被剥夺权利的人的故事，也一直被公众力捧为包括总统职位在内的公职潜在候选人。

她通过名下的奥普拉温弗瑞慈善基金会（Oprah Winfrey Charitable Foundation）捐赠了大约4亿美元，并主要资助教育事业，如致力于改善南非女童教育的奥普拉温弗瑞领导力学院。无论是在私人活动还是在工作中，奥普拉从未停止过教导和吸引人们去追求一个更美好的世界，她不断阐明、澄清并最终通过她的工作提升我们所有人。

她职业生涯中的每一步都受到破坏和羁绊，然而她总是能达到商业与崇高目标的平衡。几乎像人类莫比乌斯带（mobius strip）一样，兜兜转转，这一面最终毫不费力地融入另一面。在经历过童年时期的悲惨人生后，她现在所做的一切成就了她在善经济中的领导地位。

分享你所知道的：成为共享资源——埃隆·马斯克

我在本书中一直在赞美企业社会责任是如何成为一个信息共享社群的。我们是一个大家庭。你如果没有吸取同行的经验和建议，就真的错过了很多。

事实上，共享和透明度在整体业务中越来越重要，而且它们在未来商业实践中的重要性会与日俱增。其中一个著名的例子是特斯拉董事长埃隆·马斯克（Elon Musk）决定将该公司 1 400 项专利全部对社会公开，免收专利费。该公司的股票随着这一消息一路飙升，这表明在知识产权方面分享即是所得。

特斯拉在一定程度上是为了自身利益而选择分享。通过公开自己公司的专利，马斯克提高了特斯拉系统成为行业标准的可能性，这对特斯拉是非常有利的。当然，某些制造方案被标准化后，整个行业将从中获益，例如，充电站都配置同类型的插头。

更重要的是，马斯克和特斯拉的核心思想并不是将其他电动汽车制造商视为竞争对手。你很少听到他说对手的电动车模型不好。那是因为马斯克的布道主义关注点在于电力对内燃机行业的帮助，而不是特斯拉对其他制造商的影响。

马斯克说："我们十年前创建特斯拉的目标与今天的目标一致，即尽快将引人注目的电动汽车推向大众市场，加速可持续交通的面世和运营。"把这些技术屯在自己公司不会让这一使命快速实现，反之，分享这些技术则会帮助其实现。

2018 年，马斯克在商业媒体上引起了一场辩论。他在季度收益电话会议上表示，在扩大特斯拉在美国各地的昂贵的充电站网络时，他更愿意让它们为各种电动车充电，而不仅仅是特斯拉。一位股票分析师质疑这是否明智。毕竟，作为领先的电动汽车制造商，拥有专有的充电站网络将成为对抗竞争对手的"护城河"。

"首先，我认为'护城河'是脆弱的。"马斯克回答道，"它们在一种残损的方式中表现得很好。如果你对入侵军队的唯一防御手段就是护城河，这种防卫手段就不会带来胜利。创新的步伐才是竞争力的基本决定因素。"

马斯克可能是当今美国顶级的企业传播者，他的传播方式是通过建立特斯拉以及他所有正在进行的项目，包括太空火箭、交通隧道公司和储存风能的大型电池农场。马斯克的公司在可持续性方面绝不是完美的，并且他面临的不仅仅是企业社会责任方面的挑战。马斯克倾向于开放和透明并从中受益无穷。

对共享和开源解决方案保持偏见，不利于企业社会责任的长期成功。技术正在无情地推动我们走向一个更加协作和透明的世界。你如果否认这一点，就会遇到强大的阻力。对于企业社会责任而言，包容实际上和排斥一样容易。你如何利用自己的合作伙伴将成为影响力的关键变量。缺乏透明度和包容性可能会使你在追求目标的过程中摔跟头，关闭讨论的窗户则会剥夺让好想法畅快呼吸和生长的氧气。

共同进步的伙伴——杰米·戴蒙

摩根大通首席执行官杰米·戴蒙表示，"我从来没有在股东和企业社会责任之间发生过冲突。"摩根大通银行在底特律拥有巨大的市场份额，该公司与底特律市政当局合作，帮助恢复就业和城市振兴。摩根大通与市政官员协商利用公司独有的能力来帮助该地区——捐赠自己的数据工具和资源，以帮助该市进行明智的投资和规划决策。这是企业期望达到的目标：成为变革的真正伙伴。

摩根大通创立的第一个项目名为"新工作技能"。该项目为期五年，是一个总资金额为2.5亿美元的全球计划，旨在利用公司独特的资源、专业知识和全球影响力为成人提供技能培训。第二个项目是"青年新技能"，摩根大通投入7 500万美元用于扩大技能教育，旨在解决青年失业的相关问题。

戴蒙建议领导者们向那些被忽视的社群投资，并制订切实可行的解决方案，以提振被剥夺权利的社群的境况。任职期间，他一直向公司布道，不仅要提供经济支持，还要花时间、人才和资源来应对更大的挑战，包括缩小经济差距，恰当处理退伍军人事务以及重建底特律这样的衰落城市。

"我们（一起构成美国的领导价层）做了一件糟糕的工作——在努力确保所有公民都不落后的工作上做得很差。"戴蒙在2017年的《财富》首席执行官倡议（2017 Fortune CEO Initiative）中如是表示。戴蒙指出，具有讽刺意味的是，雇主在填补熟练劳动力和专业职位的工作方面遇到困难，而全世界的贫困和失业率居高不下。他认为"我们可以在教育、重新就业和带来就业机会的收入援助方面做得更好。美国有500万个空缺职位，其中很多航空、汽车、护理、机器人、机器学习编码方面的工作的工资都很不错"。

那些仅限于慈善捐赠的企业社会责任计划没有真正地参与到善经济中来。然而，建立伙伴关系的挑战在于，由于与管理不善的非营利组织或政府合作不可能做出积极贡献，你必须谨慎选择合作伙伴。戴蒙表示，他的公司不会与那些无法证明自己是可靠而有效的城市合作，"这是'必不可少'的教训。你如果进入任何地方，他们都只是说'给我们钱，剩下的事情我们自己来处理就好'，那就不要和他们合作。他们必须事先同意做一些非常基本的事情，你要知道自己可以和他们一起工作。这才是协作。"

想象新范式——区块链

我记得1983年1月3日发行的那期《时代》周刊的年度风云人物（当时该杂志尚未将其改名为"年度人物"）是一台机器。这本杂志每年都把新闻界最具影响力的人物放在封面上，几十年来一直如此，直到这款个人电脑命名为首款"年度机器"。那一年的个人电脑在影响范围和影响力方面超过了所有其他人类竞争者。

在思考善经济的未来时，我想起了这个封面。在我看来，可以想象技术比人类更擅长去创造一个更具包容性和富有同情心的世界。善经济的巅峰可能不是由人类触及，而是由被人类开发并保留下来的新技术实现。

区块链技术是一个很好的例子。这种技术最著名的应用领域是比特币等加密货币。但是，区块链真正超越金钱的能力是其独特的、可以在不依赖腐败的人类信任系统的情况下，提供各种交易透明度的能力。区块链可能很快就会提供一种新的信任范式，而这种范式在如今人类所依赖的商业和政府系统中供不应求。

区块链基本上是自动进行公证的账本，100%透明且不可更改。它们降低了中间商和监管机构对认证的需求。因此，区块链可以极大地减少欺诈、系统风险、法律费用以及与交易相关的其他成本。

正如区块链研究所联合创始人亚历克斯·塔普斯科特（Alex Tapscott）在《区块链革命》（Blockchain Revolution）中所言，该技术有望彻底改变世界。他对区块链做了这样的描述："一个真正开放、平等分布式的全球平台，将从根本上改变我们可以在网上做些什么、我们如何做到这一点以及谁可以参加。"

透明度、真实性和安全性等企业社会责任的基本价值都将通过区块链实现自动化。区块链可能会迅速地记录产品创建的整个监管链——包括使用的材料、创建它的劳动力以及其生命周期对环境的影响。透明度是问责制的保证，反过来也是责任的保证。通过提供可追溯的完整记录，区块链可以为消费者提供保证，例如保证钻石、木材或海鲜等产品的来源可靠。区块链可能会让不负责任的供应商难以存活。

区块链技术凭借其永久分布式交易记录的特性，可以减少腐败和浪费。据估计，全球30%的援助从未到达其合法目的地。[51]例如，印度政府正在使用区块链来解决土地欺诈问题。[52]各种机构已经在利用这项技术进行国际援助并帮助难民。区块链可能会帮助全球没有官方身份记录的11亿人获得银行账户、贷款和政府服务。[53]"与之前的任何技术都不同，区块链正在改变志同道合的组织聚集在一起的方式，并基于单一的事实观点达到新的信任水平。"IBM 区块链总经理玛丽·威克（Marie Wieck）说[54]，"我们的工作与整个食品生态系统的组织，以及IBM的新平台都将进一步释放这种技术的巨大潜力，使各行各业的各种规模的组织都能够更快地从概念转向生产，从而改善业务的完成方式。"

随着区块链为行业和消费者带来更高的透明度，许多企业社会责任项目以往提供的许多功能都不再有用武之地，例如对投入资源和物流信息的监控与报告。信息就是力量，区块链技术可以将这种力量传递到更理智、更实际和更公正的地方。通过淘汰许多财务、法律、人力资源以及与企业社会责任相关的工作和角色，区块链技术可以扩大业务对所有利益相关者的积极影响，而不仅仅是保护股东的利益。

分享财富——何享健

2017年7月25日上午，美的集团创始人何享健宣布了一个金额高达60亿元（8.68亿美元）的慈善捐赠计划，用于在美的集团的创始地佛山市顺德区的社群项目。数额之大引起了社会各界的强烈关注，并帮助引领了一个创新的、可持续的慈善体系，被业界专家誉为中国现代公益慈善事业的标杆。

为了进一步推动商业社群发展，何先生在当年又捐赠了3亿元，以建立顺德区创新创业公益基金会。该基金会致力于"扶植青年，激励创新，推动创业，弘扬企业家精神"。

这个基金会颇为与众不同。在选择青年创新者项目时，顺德区创新创业公益基金会将联合国2030年可持续发展目标和相关的社会价值因素作为重要标准。这是为了从创业之初就播撒"关爱世界"的精神种子，并为更具可持续性的企业发展做出贡献。

顺德的民间社会团体对何先生的努力极为赞赏。"没有美的就没有碧桂园。"碧桂园创始人杨国强回忆道，美的创业时他还是一个初中学生，那时候的北滘还是落后的农村。但改革开放后，美的越做越大，工厂越建越多，给北滘创造了许多工作岗位，而他也成为美的工厂的一名建筑工人。从建筑工人到建筑公司董事长，再到世界500强企业创始人，杨国强表示自己深受何享健的启发。他说："我一直都很尊敬何享健，何享健是我学习的榜样和标杆，而看着美的的发展，更知道碧桂园的目标在哪里。"

相似地，格兰仕集团董事长兼总裁梁昭贤先生表示，何享健先生在改革开放中身体力行，创造出的宝贵创业创富经验是鼓舞也是鞭策，格兰仕要将学习所得转化成内在的动力，苦练内功，打造可持续的竞争力，为顺德的社群发展和人民生活质量的提高做出更多贡献。

何享健在作为中国改革开放的优秀商界领袖不仅受到世人赞赏，而且得到了国家的认可。何先生凭借"乡镇企业改组上市的先行者"身份获得改革先锋称号，成为顺德区唯一获奖者。佛山市委常委、顺德区委书记郭文海对何享健表示祝贺并表示，美的走到今天，从乡镇企业发展成为全球最大的家电企业，做出了卓越的经济贡献。这离不开创始人何享健对实体经济的坚守，对高质量发展的追求，以及敢为人先和大胆探索的勇气。这既体现了改革创新精神，也体现了顺德及佛山的企业家精神。他同时号召全区企业家向何享健学习，传承好这种企业家精神。

从早期的公司和个人捐赠到建立专门的慈善平台，再到系统的、持续的慈善活动，进而发展到金额达60亿元的可持续慈善计划，何享健尝试了将商业构想注入慈善事业的理念。当地社群也从实施可持续发展和战略性慈善事业的国际视角中获益。

正如何先生所说："我和家人做慈善，是抱着感恩之心将财富回馈社会，也希望能形成家族的文化价值观，一代一代传承下去。"何享健表示，希望捐赠资金能够有计划、可持续地得到使用，实现规范管理、公开透明，实施好慈善项目，同时做好保值增值的财务管理，不要让资金闲置，而要让它们创造更大的价值。

从镜子中看自己成为一个布道者

在未来十年，企业社会责任的传播将越来越多地依赖每个组织内的布道者。自视为一名布道传播者，意味着你将成为可靠的信使，成为新商业模式的知识和智慧来源。

趋势是你的朋友，继续扩展你看到的改变和进步机会的边界。如果本书向你展示了一些什么的话，那意味着趋势会推着你向前走。你带给组织的消息将指导企业整体地向社会责任推动，这将推动可持续发展事业向前迈进，当然对你的个人的事业和组织的集体成果也会产生巨大影响。

请永远不要忘记，你正在将时间、才华和公司的财富借给经济史上最强大且最有意义的运动之一。引用丘吉尔的话说："我们以我们得到的为生。我们通过我们给予的来生活。"你的职责可能会呼吁你不时地走出舒适区。那时，你必须提醒自己做企业社会责任的初心、使命感和目的。你若在某事或某人需要推动时不能使出全力推他一把，那就试着从整体上思考、精力充沛地合作并铭记你的价值观。企业社会责任的价值在你的头脑和心灵中一直保持清晰，当有时候需要做出艰难的选择时，你可以始终相信直觉。

如果你真诚地践行企业社会责任，你的爱心和灵魂都会参与其中并得到安放。从长远来看，你正在顺应历史潮流，将会取得成功。也许你产生的实际影响不是理想中最佳的，你也可能不会因为自己的努力而得到赞扬，但在你离开该角色很久之后，你的工作将继续以你永远无法知道的方式影响其他人。

我相信重要的是要继续专注于向前推进。无论结果如何，无论谁获得赞扬，永远不要忘记你是这场正在进行的革命的一部分，你在改变着这个世界。势能是企业社会责任事业的朋友。即使一个项目未能对贵公司的大小目标做出有意义的贡献，这种失败的经验也有助于你的个人成长和职业发展。面对下一次挑战时，你会变得更强大。无论多小，你每天所取得的进步都不会浪费。

为了表明我的意思，我想分享一个非常个人化的例子。早在2006年，在佳士得准备第一次绿色拍卖时，我就知道我与环保主义者苏珊·洛克菲勒长达数十年的友谊将有助于该项目的成功。洛克菲勒家族是世界上最伟大的艺术收藏者之一，通过其名下的基金会，该家族也在尽最大努力地倡导环境保护。特别是苏珊·洛克菲勒和戴维·洛克菲勒，他们是真正的可持续发展领域的全球领导者。

在苏珊及其能够影响到的其他人的帮助下，绿色拍卖项目取得了巨大的成功。它为全球环保组织筹集了500万美元，这些环保组织由此可以继续为保护地球而不断努力。绿色拍卖的4个受益者之一是全球良性海洋生态的主要支持者奥西安娜，苏珊是这家海洋环保组织的受托人之一。

在绿色拍卖会之后，佳士得继续与洛克菲勒家族合作开展各种活动，主要是通过企业社会责任的形式。洛克菲勒支持的组织（包括奥西安娜、亚洲文化委员会、海上水手）充分利用佳士得的慈善拍卖师和场地。佳士得还帮助开展了一系列重要组织的活动，包括现代艺术博物馆（MoMA）和石头谷仓中心（Stone Barns Center for Food and Agriculture）。石头谷仓中心是一个独特的可持续农业项目，位于纽约州威彻斯特县洛克菲勒庄园附近。

2010年，约翰·D.洛克菲勒（John D. Rockefeller）唯一健在的孙子戴维·洛克菲勒宣称，该家族的大量艺术品将成为遗产拍卖的一部分，所有收益都将用于洛克菲勒家族的慈善事业。佳士得和苏富比（Sotheby）都申请成为这一大规模遗产拍卖活动的首选拍卖行，而洛克菲勒家族最终选择了佳士得。

戴维告诉我："在奥西安娜拍卖会上的合作建立了两家的信任关系。我们做出这一决定的核心考量因素是商业利益，但信任、品格和风格等其他重要因素使我父亲的遗产管理团队能够轻松地将佳士得作为这次拍卖的执行者。"

2018年5月，佳士得拍卖了佩吉和戴维·洛克菲勒夫妇的收藏品，筹集了8.32亿美元，惠及十几个非营利组织，包括现代艺术博物馆、洛克菲勒大学、哈佛大学、对外关系委员会和石头谷仓中心（我很自豪能成为该中心发展委员会的成员）。

在洛克菲勒家族宣布举行房地产拍卖会时，我已经离开佳士得两年并成立了自己的咨询公司——慈善影响力（Philanthropic Impact）。我很高兴佳士得被选中去做如此重要的千载难逢的事。我希望，正如戴维所建议的那样，我们在企业社会责任中计划了多年的慈善拍卖已经帮助佳士得和洛克菲勒塑造了共同的价值观和品位，使得与拍卖行合作成为一种天然的选择。

另一方面，我们与洛克菲勒家族和其他许多人一起开展的企业社会责任工作也说明了一切。通过"艺术+灵魂"项目，佳士得的员工和客户联合起来，对我们的社群和地球产生了难以估量的影响。每年都有数以千计的慈善机构及其赞助人在"艺术+灵魂"旗下的慈善拍卖中得到资助。通过所有这些活动，成千上万的佳士得员工、非营利组织员工以及全球各地的青年学生在博物馆、学校和公园中联系起来，帮助他们在家乡做文化和自然管理。

我在2015年离开了佳士得，但感觉自己的使命并没有完成，公司的文化没有真正发生改变，就像我第一次担任企业社会责任职务时一样。我现在认为，虽然回想你当时是否能做出更大成绩对于管理岗位而言司空见惯，但我会怀疑这是一种特殊的企业社会责任职业病。我们做这项工作是因为我们非常在乎，自然而然地对结果有情感依恋。数千年的东方哲学可以为我提供一丝慰藉，试着接受在无欲无求的情况下做正确的事情才是真正的智慧。你如果能学会采取众所周知的"无欲无求的正确行动"，就会发现更容易做出选择，也更容易生活。

本着这种精神，我继续与佳士得保持着联系。在拍卖洛克菲勒收藏品之前，我帮助佳士得寻求中国赞助商参与那些收藏品的中国展览。去年，我在佳士得教育（亚洲佳士得美术学院）教授了一门非营利艺术管理硕士学位课程。这些是值得做的事情，我很少去计算结果，只追求真实的企业社会责任。只要我的爱心和灵魂都参与其中，这就足够了。

在善经济中，什么都很重要

所以今天，我认为企业社会责任的一切都很重要，即使对某些人而言并非如此。但是，所有企业社会责任的努力都会创造一个更美好的世界并提高市场竞争力。我们通过"艺术+灵魂"项目在我们的社群中做出了实实在在的贡献。作为佳士得的企业社会责任传播者，我不得不在有限的资源中尽我所能地与同事、合作伙伴、媒体和世界级收藏家合作。我们与非政府组织和同事建立或深化的友谊使这项工作变得更加自如。

在为企业社会责任做宣传时，你需要以类似的真诚和对彼此关系的承诺来实现这一点，而非像看待交易一样。即使你不在那里亲眼见证长期影响，你所做出的努力也会使一切都与众不同并让你意识到这一点。在善经济的黎明到来之际，你可以帮助你的公司制胜于商场。

顺便说一句，做正确的事情意味着在别人对你寄予期望之前就着手去做。这也意味着这样做是因为它对你有意义，而不是因为你在乎别人对你的看法。如果你的倡议与你的品牌故事无关，那么你可能会让自己开启一个充满质疑和反对声音的世界。

反对势力仍然非常强大。大多数人倾向于默默接受世界现有的运行方式，并且有数百万人（如2016年美国选举所证明的那样）将变革和进步看作一个明显的威胁。埃里克·里斯（Erik Reece）在《乌托邦之路：一次穿越过美国最激进思想的旅行》（*Utopia Drive: A Road Trip Through America's Most Radical Idea*）中写道，美国的金融和工业力量浇灭了19世纪后期的许多乌托邦理想，并"最终创造了一种不可持续的美国消费文化——缺乏理想主义，我们现在处于环境灾难和一个难以对付的联邦政府——一个困惑的、备受打击却倾向富人的政府的边缘"。

因此，我们必须坚持这一令人沮丧的评估以及其他方面的事实。但是，让我们感到安慰的是，不可持续性每天都在自掘坟墓。企业社会责任的乌托邦是公司的企业社会责任部门关闭的一个时间点，因为公司在快速地进化，以至于企业社会责任不再是一个必要的独特职能。企业社会责任的结束并不意味着你在慈善事业中不再作为。这将意味着每个了解那种社会责任的人的提升是所有企业未来通往可持续发展的关键。

在下次董事会成员或公司高管提出新的企业社会责任倡议时，请你记住，不做正确事情产生消极影响的可能性仍然很大，但不作为带来的积极影响正在慢慢消失。负责任不再是一个选择项。有一部分在这些领域投入巨资的品牌无法理解，在道德上的正确选择现在是年轻人的标准期望——每天都有成千上万的婴儿出生，他们只会认得这个新的世界。

除了变化之外，这个新世界没有任何常数。在即将到来的变革中，只有正确的价值观能够持久存在。这就是最接近水晶球一样的东西了。通过企业社会责任表达的价值观将帮助你和你的公司在善经济中蓬勃发展。

致　谢

　　我要感谢在过去和现在帮助使这本书成为可能的人，也要向所有提供支持、进行过交谈、先期阅读、整理相关素材、提出宝贵意见、允许我引用他们的评论及协助编校和设计的人表示谢意。特别地，我要感谢诺埃尔·韦里奇（Noel Weyrich）在过去两年里对我写作的指导。诺埃尔总是让努力变得更有趣，让成果更加有力。

　　这本书的"根基"很早就由我的家人以及他们灌输给我的价值观建立起来了，特别是我的母亲莎莉。它也得到了汉普顿—悉尼学院（Hampden-Sydney College）的教职工的进一步完善。该学院创建240多年来的使命始终是"自1776年以来，塑造好人和好公民"。我相信社群的重要性——建设、推动和保护社群。当我1988年来到纽约时，我的朋友们使这一理念得到强化，特别是格雷格·亨尼希尔（Greg Henniger）、米切尔·克莱因（Mitchell Klein）、戴维·刘（David Liu）、埃德·伯格曼（Ed Bergman）和苏珊·洛克菲勒。

感谢我在美国运通的同事，特别是伊丽莎白·科尔曼（Elisabeth Coleman）、南希·马勒（Nancy Muller）、迈克·奥尼尔（Mike O'Neill）和梅利莎·阿伯内西（Melissa Abernathy），他们帮助我在世界领先的服务品牌之一磨炼自己的专业技能。致我在纽约时报公司的同事，包括凯瑟琳·马西斯、翠西·麦克斯威尼（Trish McSweeney）、伊桑·里格尔霍普（Ethan Riegelhaupt）、珍妮特·罗宾森（Janet Robinson）和小亚瑟·苏兹伯格（Arthur Sulzberger, Jr.），他们向我展示了企业能够而且必须让社会更好。佳士得的同事们给我带来了一点信心，为其他交易痴迷的艺术市场增添了一点灵魂，特别是凯瑟琳·诺里斯、莉迪娅·费内特、凯茜·埃尔克斯、埃德·多尔曼、玛丽亚安吉拉·伦肖（Mariangela Renshaw）、马克·波特（Marc Porter）、史蒂芬·拉什（Stephen Lash）和卡伦·格雷。还有我在ArtsCom的同事，特别是玛丽·特鲁德尔，他们在我们雇用下一代文化的开拓者时非常合作。

我还要感谢我的企业社会责任从业者和商业领袖同行，他们在我成立自己的咨询公司慈善影响力时激励了我，包括弗朗索瓦-亨利·皮诺、刘强东和刘行淑（Nancy Liu）、兰贝托·安德烈奥蒂（Lamberto Andreotti）、皮诺·布鲁索内（Pino Brusone）、威廉·弗洛伊德（William Floyd）、朱莉·吉尔哈特、詹妮弗·施瓦布、安德鲁·佐布勒（Andrew Zobler）、安德烈娅·沙利文、保罗·波尔曼、休·奥尔彻奇（Sue Allchurch）、马化腾、丹尼斯·西蒙（Denise Simon）、格温·格林（Gwen Green）、杰米·戴蒙和萨莉·萨斯曼（Sally Susman）等人。我要感谢民间社会领袖——特别是苏珊·洛克菲勒和戴维·洛克菲勒——以及保罗·马库斯（Paul Marcus）及其夫人李墨英（Moying Li Marcus），达伦·沃克（Darren Walker）、梅利莎·王（Melissa Ong）、奥拉西奥·斯洛尔（Horacio Srur）、加里·沃瑟曼（Gary Wasserman）、崔峤（Cui Qiao）、伊利亚娜·范·米特伦（Iliana van Meeteren）、艾米丽·拉弗蒂（Emily Rafferty）和迈克尔·布隆伯格为我提供持续灵感。

最后也是最重要的，我感谢我的丈夫哈伦·布拉彻（Harlan Bratcher）与我共享生活。

于同弼

2018年8月，纽约市

注　释

1. https://www.christies.com/about-us/corporate-social-responsibility/awards-and-recognitions/.

2. http://www.pewresearch.org/topics/millennials/.

3. https://papers.ssrn.com/sol3/papers.cfm?abstract_id=2575912.

4. https://www.blackrock.com/corporate/investor-relations/larry-fink-ceo-letter.

5. http://mallenbaker.net/article/clear-reflection/how-tim-cook-brought-corporate-social-responsibility-to-apple.

6. http://mallenbaker.net/article/clear-reflection/how-tim-cook-brought-corporate-social-responsibility-to-apple.

7. https://www.unicefusa.org/press/releases/gucci-launches-new-global-campaign-girls'-and-women's-empowerment/8212.

8. https://corporate.target.com/corporate-responsibility/goals-reporting.

9. https://www.kornferry.com/press/korn-ferry-hay-group-global-

study-finds-employee-engagement-at-critically-low-levels/.

10. http://www.gesustainability.com/building-things-that-matter/
supply-chain/supplier-expectations/.

11. http://www.gesustainability.com/how-ge-works/.

12. https://www.wespire.com/press-room/survey-finds-57-percent-of-
workers-want-employers-to-increase-employee-engagement/.

13. http://www.pwc.com/gx/en/managing-tomorrows-people/future-of-
work/pdf/mtp-future-of-work.pdf.

14. http://blog.coldwellbanker.com/homes-for-dogs/.

15. http://make-a-donation.org/articles/what-is-socially-responsible-
marketing/.

16. https://www.multinationalmonitor.org/hyper/issues/1991/10/doyle.html.

17. https://www.wsj.com/articles/starbucks-plans-to-cut-plastic-
straws-from-stores-globally-by-2020-1531134924.

18. https://www.danone.com/about-danone/sustainable-value-creation/
our-vision.html.

19. http://www.un.org/sustainabledevelopment/sustainable-development-goals/.

20. http://www.charlotteobserver.com/news/business/article69251877.html.

21. https://www.christies.com/about-us/corporate-social-responsibility/
awards-and-recognitions/.

22. https://blogs.volunteermatch.org/volunteeringiscsr/2013/11/26/the-

why-behind-employee-volunteer-time-off/.

23. http://time.com/4965293/kendall-jenner-cries-addresses-pepsi-ad-backlash/.

24. https://www.wired.com/2017/04/pepsi-ad-internet-response/.

25. https://digiday.com/marketing/inside-pepsis-house-content-agency/.

26. http://adage.com/article/cmo-strategy/brad-jakeman-leaving-pepsico-start-a-consultancy/310943/.

27. http://www.adweek.com/agencyspy/heres-the-problem-with-that-content-studio-you-just-built/129188.

28. https://www.nytimes.com/2017/10/08/business/dove-ad-racist.html?_r=0.

29. https://news.nationalgeographic.com/2016/10/wildlife-watch-failed-ivory-trade-CITES-proposals/.

30. http://sustainabilityreport2016.volkswagenag.com/economy/integrity.html.

31. *Wall Street Journal*, Nov. 17, 2017.

32. https://www.reuters.com/article/us-volkswagen-usa-electric/volkswagen-to-install-2800-u-s-electric-vehicle-charging-stations-idUSKBN1EC1RL.

33. www.bloomberg.com/bcause.

34. https://data.bloomberglp.com/company/sites/28/2017/05/17_0516_Impact-Book_Final.pdf.

35. https://www.sustainablebrands.com/news_and_views/walking_ talk/emmanuel_faber/food_human_right_not_commodity.

36. https://www.unglobalcompact.org/take-action/action/value-driver-model#toolkit.

37. https://www.fastcompany.com/40443099/this-pickle-company-achieved-zero-food-waste-by-turning-scraps-into-compost-and-bloody-mary-mix.

38. https://sampi.co/taobao-villages-china-rural-ecommerce/.

39. http://www.ussif.org/content.asp?contentid=71.

40. https://corpgov.law.harvard.edu/2017/07/27/esg-reports-and-ratings-what-they-are-why-they-matter/#1b.

41. http://breakthrough.unglobalcompact.org.

42. http://report.businesscommission.org/report.

43. http://breakthrough.unglobalcompact.org/site/assets/files/1756/guide-breakthrough-pitch_14nov17-1.pdf.

44. https://www.economist.com/business/2012/10/06/call-in-the-b-team.

45. https://www.governanceprinciples.org.

46. https://www.wsj.com/articles/blackrock-companies-should-have-at-least-two-female-directors-1517598407.

47. https://www.wsj.com/articles/new-york-state-fund-snubs-all-male-boards-1521538321.

48. https://www.cnbc.com/2018/05/10/mark-zuckerbergs-control-of-facebook-is-like-a-dictatorship-calstrs.html.

49. https://www.scribd.com/document/325810409/The-Global-Competitiveness-Report-2016-WEF-2017.

50. http://www.chinadevelopmentbrief.cn/news/tencent-launches-chinas-first-internet-philanthropy-day/.

51. https://www.fastcompany.com/40500978/this-new-blockchain-project-gives-homeless-new-yorkers-a-digital-identity.

52. https://www.forbes.com/sites/suparnadutt/2017/09/01/blockchain-is-slowly-changing-digital-banking-in-india-thanks-to-these-startups/#35127844a172.

53. https://www.fool.com/investing/2018/04/11/20-real-world-uses-for-blockchain-technology.aspx.

54. https://www-03.ibm.com/press/us/en/pressrelease/53013.wss.